MOI, J'EN RIZ

Du même auteur

LA STAR,
roman, Grasset, 1982

JOYEUSES PÂTES,
160 recettes, Robert Laffont, 1986

MACHA MÉRIL

MOI, J'EN RIZ

170 recettes

avec la collaboration de
Gian Guido Baldi

DESSINS DE L'AUTEUR

ROBERT LAFFONT

ISBN 2-221-07687-7

Avant-propos

Lorsque Macha Méril m'a demandé de présenter son livre sur le riz, j'ai tout d'abord pensé qu'elle n'avait nul besoin d'être « présentée », sa célébrité et son charme parlant déjà pour elle !

Je le fais pourtant aujourd'hui, avec d'autant plus de facilité que mes raisons sont évidentes : j'aime le riz, et j'aime Macha Méril. Elle est... fondante, elle est... craquante, et tout est pour elle, dans la vie, un jeu dans lequel elle nous entraîne avec aisance et naturel. Qu'elle soit au théâtre, à l'écran ou à ses recettes, on a toujours envie de la suivre, et on s'en trouve bien.

Lorsque nous avons « joué » à publier Joyeuses Pâtes, *en 1986, nous pensions nous exposer à la critique véhémente de professionnels et de puristes, gardiens d'une tradition solidement installée. Craintes vaines, puisque les commentaires d'un large public nous récompensèrent, l'ouvrage était plébiscité, il avait séduit, précisément, par sa richesse d'inspiration, sa simplicité et son authentique sincérité.*

Cette complicité s'enrichit ensuite d'une rencontre merveilleuse et touchante avec une dame étonnante, qui n'était autre que la mère de Macha, la princesse Marie Gagarine, plongée dans la rédaction de ses Mémoires. La vie d'une femme intrépide et drôle — c'est de famille ! — qui racontait avec sérénité le destin d'une aristocratie balayée par la révolution de 1917 : Blonds étaient les blés d'Ukraine, *puis*

Le Thé chez la comtesse, *ce fut là encore une jolie réussite, un double succès.*

C'est donc en toute confiance que je vois aujourd'hui Macha Méril relever un nouveau défi, et entamer, après sa défense et son illustration des pâtes, une véritable croisade gourmande pour le riz. Je me retrouve en parfaite harmonie avec Macha, puisque j'ai souvent confié à mes amis que j'aurais aimé ouvrir un restaurant où le plat principal aurait pour base le riz, et les infinies variations auxquelles il se prête. Délicieux restaurant, qui présenterait l'avantage d'offrir des plats réconfortants et fins pour un prix raisonnable, dont je sais aussi — pour rester au diapason de l'humour de Macha — qu'il ne saurait avoir d'autre nom que « Chez Riz ». *Succès garanti, à coup sûr, grâce aux recettes de Macha, surtout si j'imagine sur toutes les lèvres cette irrésistible invitation : « Tu viens Chez Riz ! »*

Robert Laffont

Mon fils Guido a toujours adoré le riz, depuis qu'il est tout petit. Lorsque *Joyeuses Pâtes* est paru, la première chose qu'il m'a demandée fut : « Quand en écris-tu un sur le riz ? » Ça m'a trotté dans la tête quelque temps, et, quand je me suis décidée, entre deux films, je lui ai dit : « Je me lance dans le riz, tu me donnes un coup de main ? »

Guido a recueilli toute la documentation qui me servait en Italie, nous nous sommes souvenus des recettes de sa grand-mère (ma belle-mère), j'ai ajouté mes recettes et ainsi nous avons conçu ensemble la table des matières de ce livre.

Nous nous sommes chamaillés (normal entre mère et fils), et nous avons souvent bien ri. Je me suis aperçue que je lui avais véritablement transmis ma passion de la cuisine simple. Il m'a étonnée par sa précision et son audace. Nous avons formé une équipe formidable. À breveter ! Merci Guido.

Introduction

J'aime le riz. Plus ça va, plus je l'aime. Ma curiosité et mon rejet de la cuisine sophistiquée m'ont conduite naturellement à lui. J'aime sa saveur, sa consistance, sa variété et le bien qu'il fait.

Je vous avais déclaré ma passion pour les pâtes dans *Joyeuses Pâtes,* passion qui demeure et ne faiblit pas. Mais voyez, j'ai tout autant de succès avec mes dîners de riz qu'avec mes dîners de pâtes. Et ne croyez pas que c'est la même chose : une autre céréale qu'on assaisonne de mille façons. Pas du tout : le riz a ses rites, ses usages, ses méthodes de cuisson, et pour beaucoup ce livre sera une surprise. On n'imagine pas tout ce qu'on peut faire avec les différents riz. En s'amusant. Car c'est pour moi une règle de vie.

Déjà brisons quelques vieux préjugés. Comme pour tout le monde, pendant des années le riz était pour moi une espèce de médicament qu'on doit toujours avoir dans son placard, un aliment de secours quand il n'y a rien d'autre à la maison ou au mieux un petit supplément à un repas de viande ou de poisson jugé trop peu nourrissant.

Après avoir séjourné dans le purgatoire des mauvais souvenirs d'enfance, des riz à l'eau obligatoires les jours de maladie et des platées collantes de la cantine du lycée, le riz a fait une remontée vertigineuse dans mon estime et ma gourmandise de gastronome désormais avertie et gâtée.

C'est en Italie que j'ai eu la révélation du riz. C'est un plat familial, simple, populaire mais aussi très distingué. À Milan, le risotto est un plat de fête qu'on sert le soir de la Saint-Sylvestre. Il est fait avec du bon champagne et un fromage très raffiné, la fontina.

Excepté quelques riz marocains de mon enfance (dont je parlerai), j'ai fait la découverte du riz sur les rives du Pô, à Venise, en Toscane et dans les Pouilles. Initialement plat pauvre, il est devenu au cours de l'histoire, avec l'ingéniosité des chefs de Milan, Turin, Padoue, Trévise, Bologne et Venise un mets sublime et savant.

Introduit en Italie bien avant la France à la suite des invasions arabes, le riz appartient désormais à la culture du nord de l'Italie. Les rizières de la plaine du Pô sont le paysage de tant de films... *Riz amer* de De Santis, les films de Fellini, Blasetti, Zavattini, Antonioni. La pauvreté était terrible dans ces régions au début du siècle. On souffrait dans les rizières avant la guerre, on attrapait la malaria, le scorbut, le paludisme. On ne connaissait pas encore l'existence de l'anophèle, le moustique fatal, et on tenait le riz pour responsable de toutes ces maladies.

L'Italie fournissait toute l'Europe, en concurrence avec l'Espagne et les Amériques. Encore maintenant, elle est le premier pays producteur d'Europe. En France, la culture du riz s'est énormément développée en Camargue après la guerre, mais nous avons du mal à résister à la concurrence des riz américains et orientaux. Le Surinam est aussi un important producteur.

Partout on mange du riz, mais est-ce à cause du savoir-faire incomparable des Italiens, de leur bon goût inné, ou de racines gastronomiques qui remontent à la Renaissance ? Les riz italiens sont mes favoris.

On me laisse écrire un livre totalement personnel, je profiterai de cette belle occasion pour être partiale, passionnée et, j'espère, utile !

Je ne vais pas vous raconter l'histoire du riz ni les multiples phases de sa culture et de ses traitements, je ne les connais pas, je ne connaissais pas plus celles des pâtes avant d'écrire mon premier livre. Je sais que c'est la deuxième céréale du monde en production, et probablement la plus ancienne selon les archéologues (3 000 ans av. J.-C). Je sais que selon la façon dont il est étuvé le riz a plus ou moins de propriétés, de sels minéraux, de vitamines, etc. Le riz complet est évidemment le plus performant sur le plan diététique, mais allez faire un bon risotto avec...

En cuisine il faut savoir pratiquer l'art du compromis entre le goût et la santé, le plaisir et la sagesse. En toutes choses d'ailleurs. N'est-ce pas le secret du bonheur ?

À la sempiternelle question : « Est-ce que ça fait grossir ? », je réponds catégoriquement : *non.* À condition bien entendu de ne manger que ça. Le riz est un plat unique, je le répète.

Les hydrates de carbone du riz (sucres lents) sont indispensables au fonctionnement des muscles, du cerveau, du système nerveux (le riz adoucit le caractère) et assurent la santé de votre peau et de vos cheveux. Les gens qui mangent souvent du riz se reconnaissent : ils sont patients et souriants. Civilisés, en somme.

Que les inquiets du poids se réjouissent : sur la table, ni pain, ni beurre. C'est inutile. Seul le verre de vin est difficile à supprimer... Mais un verre, un seul, n'entre pas dans la colonne des péchés dangereux.

Le riz ne nécessite pas d'abondants accompagnements. Vous verrez que les proportions de viande, de poisson ou de fromage sont raisonnables dans mes recettes. Le riz est donc aussi un plat économique, ce n'est pas négligeable par les temps qui courent, non ?

Une maîtresse de maison française a encore des réticences à servir du riz en plat unique, d'entrée de repas, quand on a bien faim. À l'exception de la traditionnelle paella — dont je vous donne la recette mais que personnellement je trouve assez peu gastronomique, quitte à chagriner les hispanisants — il n'est pas dans les mœurs (même en Italie) de servir un risotto ou un pilaf en seul plat, suivi d'une simple salade et d'un dessert. On reconnaît ce droit au couscous, aux pâtes, mais le riz n'a pas encore gagné ses lettres de noblesse. C'est ce que je vais essayer de rétablir à travers ce livre commode, simple, sincère, et croyez-moi passé au crible de mon expérience. Faciles, succulentes, révolutionnaires ces 170 recettes de riz me mettent en joie. À vous de vous amuser maintenant. On ne rate jamais. Avec les merveilleux riz qu'on trouve aujourd'hui, et les indications que je vous donne il faudra vraiment vous y mettre pour louper.

Laver ou ne pas laver le riz ? Vieille question. Aujourd'hui ce n'est plus nécessaire, les riz sont usinés, triés et glacés par des machines de haute précision. Avant enquête auprès des producteurs de riz, moi-même je le lavais. Après il fallait l'éponger, je le passais du tamis à un torchon propre que je secouais en retenant les quatre coins, comme une salade. Pour les pilafs certains livres de cuisine anciens recommandaient qu'on sèche le riz au four, bien étalé sur la plaque... Je suis *formelle* : ces manœuvres ne sont plus utiles. En les passant sous l'eau vous enlèveriez le peu de sels minéraux qui restent à certaines espèces de riz commercialisées chez nous. Et si vous vous amusez à rapporter du riz en vrac d'un souk de vacances ce n'est pas un jet d'eau qui le désinfectera... Cependant, il y a quelques recettes pour lesquelles il est impératif de laver le riz. Je vous les indiquerai.

Les temps de cuisson sont toujours indiqués sur les paquets. Personnellement j'enlève deux ou trois minutes, et surtout *je goûte.*

Couvercle ou pas couvercle ? Les recettes où il s'impose, je les signalerai. Les risottos se cuisent en principe sans couvercle. Mais je dois avouer que je triche un peu. J'en mets quand même un à cheval sur la cuillère posée. De toute façon, vous le soulèverez sans cesse pour remuer le riz.

Pour finir, un conseil : achetez des produits de qualité. Les quelques dizaines de francs que cela vous coûtera en plus feront la différence. Ne lésinez pas sur l'huile d'olive vierge première pression (je suis fana de celle de la coopérative des Mées, dans les Alpes de Haute-Provence, et de toutes les toscanes qu'on trouve un peu partout à présent), ni sur le bon beurre, le vin blanc et le parmesan frais. Ni même sur l'eau minérale si l'eau de votre région est très javellisée. Poissons et légumes frais de rigueur, sauf quelques possibilités de surgelés que je vous préciserai chaque fois.

Je suis heureuse de vous entraîner sur *ma* Planète Riz, mais je ne prétends pas être exhaustive ou encyclopédique, il y a sûrement encore beaucoup à découvrir sur la plus ancienne céréale du monde.

Quels riz ?

Il y a une infinité d'espèces et de qualités de riz. Les lecteurs auxquels je m'adresse vivent dans des pays où le riz déjà trié et sélectionné est commercialisé en paquets ou en sachets. Les appellations des différents riz ont beaucoup varié au cours des cinquante dernières années et varient encore d'un pays à l'autre. En gros, ça s'est simplifié, au détriment peut-être de la connaissance et d'une certaine poésie. Aussi vous citerai-je les noms anciens de certains riz et leur lieu de provenance chaque fois que je le sais, mais vous ne retrouverez pas forcément ces noms sur les paquets. Un petit rappel de tradition et de nostalgie... Aujourd'hui on n'est sûr de rien, les riz de régions différentes sont mélangés à l'usinage.

En France, on trouve le plus couramment :

Le riz rond. Excellent pour les soupes et les desserts parce qu'il est tendre et cuit vite.

Le riz long étuvé. Il ne colle pas du tout. Parfait pour les pilafs et les riz d'accompagnement.

Le riz étuvé à cuisson rapide, qui est en général un riz long. Commode mais sans personnalité.

Le riz long à risotto. Il met plus de temps à cuire et qui colle juste comme il faut.

Le riz mi-long. Il est moins fréquent. Les grandes marques italiennes l'ont introduit sur le marché français. Idéal pour certains risottos.

Le riz sauvage américain. Une préciosité très à la mode il y a quelques années. Mélangé à du riz long (obligé, vu son prix) il est plus esthétique qu'emballant. À servir en accompagnement de volailles rares ou d'agneau.

Le riz complet et autres ***riz bruns.*** Ils sont indiqués pour les amoureux de la diététique.

Le riz basmati. Il est de plus en plus répandu, aux longs grains fins à cuisson rapide dont le goût particulier s'accommode bien du curry ou des plats de poissons.

Le riz thaï. Il est très parfumé.

Je passe sur les riz collants et gluants d'Extrême-Orient dont je ne fais pas usage ainsi que les riz espagnols, les bruns aromatiques de Californie et tous les riz qu'on ne trouve pas dans nos commerces (il en existe trois mille !).

Quant aux marques de riz, le camarguais Taureau ailé est de loin le meilleur français, en particulier le Méditerranée, qui est une jolie réussite. Mais j'aime beaucoup les marques italiennes comme Principe ou Gallo. Ils sont plus difficiles à trouver. Bientôt, grâce à mon livre, on verra un plus grand choix de riz européens dans nos épiceries, j'espère.

Le matériel

Le riz ne nécessite pas de matériel spécial. Vous vous débrouillerez très bien avec vos casseroles et passoires classiques. Pour un plus grand raffinement vous pouvez faire l'acquisition des accessoires suivants :

— une passoire à tamis fin pour égoutter le riz ;

— une boule en aluminium (deux passoires reliées l'une à l'autre et suspendues à une chaînette comme une boule à thé géante) pour la cuisson du riz dans un bouillon ;

— des bocaux en verre hermétiques pour conserver les riz et les reconnaître au premier coup d'œil ;

— un cuiseur automatique électrique pour le riz à la vapeur ;

— des paniers de bambou pour les riz orientaux à la vapeur ;

— une grande poêle à paella en tôle d'acier ou en fonte (j'utilise ma plus grande sauteuse) ;

— un « wok » chinois (grand poêlon semi-sphérique) pour les riz cantonais.

En dehors de ces ustensiles pittoresques qui encombreront vos armoires, vous aurez besoin de votre grande casserole haute en aluminium, d'une cocotte à fond épais pour les risottos, de vos bonnes casseroles d'acier inoxydable pour les bouillons, laits chauds et sauces, et de vos plats à four et à pâtisserie. N'oubliez pas les couvercles, même pour les poêles, et les cuillers en bois solides (j'en ai cassé plusieurs dans mes pilafs ou mes risottos).

Le riz se sert dans des assiettes chaudes, comme les pâtes, et dans certains cas se présente dans le plat de cuisson (pilaf, curry, risotto). Ayez soin d'utiliser vos casseroles les plus présentables, encore qu'on mijote les meilleures poules dans les plus vieilles marmites...

Pour le reste, laissez-vous aller à l'inspiration du dernier moment. Si vous n'avez pas de moule à couronne, faites une guirlande de petits dômes avec un bol ou un verre, ça sera encore plus joli.

Si vous n'avez pas de faitout à étage ou à double fond pour les cuissons à la vapeur, votre passoire en Inox fera très bien l'affaire sur une casserole de sa taille, et un couvercle. Ma belle-mère italienne qui m'a appris à faire la cuisine (je lui ai plutôt volé le métier en l'observant car aux fourneaux elle était d'humeur exécrable et ne me parlait jamais) disait avec mépris que j'avais un « matériel de restaurant » quand j'ai équipé ma cuisine. Elle faisait ses plats les plus élaborés dans trois méchantes petites casseroles cabossées. Elle se souciait assez peu de la présentation, mais ses plats étaient appétissants et toujours abondants. Son principe était qu'un repas bien conçu ne devait pas laisser de restes. Son œil de maîtresse de maison économe calculait d'avance la gourmandise de ses convives.

Je crois que ça m'est resté : j'aime les pâtes et le riz parce que ce ne sont pas des plats bourgeois, précieux et décoratifs. Chez moi, à mes dîners, les vestes tombent et les cravates aussi. Et une certaine langue de bois des conversations mondaines. Ce que je mets dans les assiettes de mes invités contribue à l'atmosphère libre et sincère que j'aime instaurer avec mes amis. La bonne humeur c'est comme l'humour : ça se travaille, ça s'aménage, ça se peaufine, ça se partage. Je vous donne quelques trucs, à vous maintenant d'en faire votre arme secrète du plaisir à table. Les autres plaisirs suivront, vous verrez, y compris celui d'une bonne digestion, qui n'est pas des moindres.

À bon entendeur bon riz.

Avertissement

Toutes mes recettes sont pour 6 personnes bien servies (deux fois). Quoi qu'en dît ma belle-mère, ne craignez pas les restes, vous verrez comme ce sera bon le lendemain, revenu dans une poêle... Sans compter toutes les merveilleuses croquettes que vous pourrez faire.

RECETTES DE BASE

En cuisine, comme en amour, il faut soigner les préliminaires. En dehors des bons produits que vous aurez achetés selon mes conseils pour chaque recette, il vous faudra quelques préparations de base, pas marrantes, mais inévitables. Alors, un peu de patience, en voici les recettes.

Le bouillon de légumes

Rien n'est meilleur qu'un bouillon de légumes maison. Quand vous vous donnez la peine d'en faire un, conservez-en dans des barquettes ou des pots qui vont au congélateur, ce sera précieux.

2 poireaux
(c'est lui le roi du bouillon),
1 carotte,
1 oignon,
1 branche de céleri,
1 botte de persil lié,
1/2 fenouil (facultatif),
1 bouquet garni (thym, laurier),
sel, poivre en grains.

Mettez tous ces légumes entiers dans une grande casserole d'eau froide avec une bonne cuillerée de gros sel marin et quelques grains de poivre. Laissez cuire à feu modéré une heure. Filtrez. Les légumes vous serviront au dîner du soir.

Il existe bien sûr des tablettes toutes prêtes.

Le bouillon de poule

Le jour où vous faites une poule au pot profitez-en pour faire du bouillon que vous conserverez. Dans un frigo il deviendra une gelée. Dégraissé et congelé dans des barquettes déjà mesurées (2 ou 4 dl) il sera très utile pour vos recettes.

Mais vous pouvez aussi faire un excellent bouillon avec des abattis, des têtes et des cous de poules que votre boucher vous offrira si vous êtes bien avec lui.

Dans l'eau froide ajoutez les têtes de poules et les abattis à tous les légumes du bouillon de légumes (page 27) en quantités réduites. Faites cuire deux heures. Filtrez. Laissez refroidir pour dégraisser. La graisse de poule est parfaitement indigeste.

Vous pouvez aussi acheter des tablettes. Certaines sont très correctes.

Le bouillon de viande

Même chose que pour le bouillon de poule. Le jour où vous vous lancez dans un pot-au-feu, augmentez la quantité d'eau, écumez et conservez au congélateur le bouillon filtré et dégraissé. Pour le pot-au-feu j'utilise du bœuf et du veau et je mets les viandes ficelées dans l'eau *froide*. Le bouillon est meilleur.

Mais on fait aussi du très bon bouillon avec des os et des bas morceaux.

Mettez dans l'eau froide avec les os les légumes du bouillon de légumes (page 27), moins le fenouil. Piquez l'oignon d'un clou de girofle. Écumez au moment de l'ébullition si nécessaire et couvrez. Cuisez deux heures à feu doux pour que ça ne s'évapore pas trop.

N'oubliez pas qu'il existe aussi des tablettes tout à fait acceptables.

Le bouillon de poisson

Soit vous achetez un kilo de merlans et de grondins et vous procédez comme pour le pot-au-feu de viande (une heure et demie de cuisson suffira), soit vous demandez à votre poissonnier des têtes de poissons. Pour le bouillon les têtes ont plus de goût que tout le reste du poisson. Votre bouillon sera donc encore meilleur. Mais il faut que vous soyez vraiment sûrs de votre poissonnier, car les têtes sont le signe premier de la fraîcheur d'un poisson. (Méfiez-vous d'ailleurs d'un poisson mis en vente la tête coupée...)

Filtrez et conservez le bouillon en barquettes. Avant de les mettre au congélateur, n'oubliez pas de marquer le contenu de vos barquettes sur une étiquette.

Il existe aussi des tablettes.

Le court-bouillon

Il sert à la cuisson des poissons. On le trouve en tablettes dans le commerce, mais le vôtre sera meilleur.

1 carotte,
1 oignon,
2 l d'eau,
1 l de vin blanc sec,
persil, 1 bouquet garni, sel, poivre.

Couvrez et faites bouillir à feu doux une heure. Filtrez. Laissez refroidir avant de mettre au congélateur.

Coulis de tomate

1 kg de tomates olivettes bien mûres,
1 oignon,
1 feuille de basilic,
1 brin de persil,
sel, 1/2 sucre.

Lavez les tomates, coupez-les en morceaux, coupez l'oignon en lamelles et mettez dans une casserole avec les feuilles de persil entières et le basilic lavé. Aucun corps gras, salez, sucrez.

Faites cuire doucement pendant une demi-heure, passez à la moulinette et gardez dans un récipient pour d'éventuelles sauces (une semaine au frigo ou au congélateur).

Sauce tomate n° 1

500 g de tomates pelées fraîches
(ou en boîte),
1 gousse d'ail,
2 cuillerées d'huile d'olive,
4 feuilles de basilic,
1/2 sucre.

Faites revenir l'ail dans une casserole de taille moyenne (acier inoxydable optimum) avec l'huile d'olive. Dès qu'il est doré, versez les tomates pelées avec leur jus. Salez, poivrez, mettez un demi-sucre (de canne si vous en avez).

Couvrez et laissez cuire à feu très doux une demi-heure en tournant fréquemment. C'est cuit quand toute l'huile d'olive est remontée à la surface.

Ça se conserve une semaine au frigo, ou congelé.

Sauce tomate n° 2

500 g de tomates pelées,
huile d'olive,
beurre,
1 oignon,
sel, 1/2 sucre, poivre.

Faites revenir l'oignon haché dans l'huile et le beurre mélangés. Dès que l'oignon est doré, ajoutez les tomates, le sel, le poivre et un demi sucre.

Couvrez et cuisez vingt-cinq minutes en tournant souvent.

Comme la sauce tomate n° 1 pour la conservation.

Sauce tomate n° 3

coulis de tomate en conserve
(3 bonnes cuillerées à soupe),
ail, 1 petit oignon,
1/3 de litre de lait,
huile d'olive,
sel, poivre.

Faites revenir l'ail et l'oignon dans l'huile d'olive. Quand c'est doré, mouillez avec le coulis. Faites-lui un peu prendre le goût des oignons et allongez doucement avec le lait chaud. Salez, poivrez. Laissez cuire vingt minutes.

Cette recette est française mais se pratique aussi en Lombardie.

Comme la sauce tomate n° 1 pour la conservation.

Sauce tomate n° 4

C'est une sauce piquante.

500 g de tomates pelées fraîches
(ou en boîte),
1 gousse d'ail,
2 cuillerées d'huile d'olive,
2 piments doux (peperoncini)
ou 1 cuillerée d'harissa en tube,
1 sucre.

Faites revenir l'ail et les piments épépinés dans l'huile d'olive. Versez assez rapidement les tomates pelées. Salez, sucrez, remuez et laissez cuire à feu doux une petite demi-heure en tournant fréquemment.

Si vous utilisez l'harissa, mettez-la en même temps que les tomates.

Comme la sauce tomate n° 1 pour la conservation.

RIZ DES QUATRE SAISONS

Riz, beurre et fontina

La fontina est un fromage alpin à pâte cuite de la vallée d'Aoste qui se marie particulièrement bien avec le riz. Si vous n'en trouvez pas chez votre fromager habituel, allez chez un « Italien », ou bien utilisez du beaufort ou de l'appenzell. Cette recette du Piémont se faisait autrefois avec du riz Maratelli di Vercelli, un riz long résistant à la cuisson.

500 g de riz long étuvé,
150 g de fontina,
100 g de beurre,
sel, poivre.

Faites cuire le riz dans une grande casserole d'eau bouillante salée.

Coupez au couteau la fontina et le beurre en petits morceaux.

Égouttez le riz « al dente » (vingt minutes de cuisson à peu près, quelquefois moins, lisez le temps indiqué sur le paquet) en laissant un peu d'eau.

Mélangez le riz, le beurre et la fontina dans un grand plat creux chaud, poivrez et servez aussitôt.

Le fromage fond, les enfants adorent ça.

Riz à l'œuf et persil

Autrefois c'était une recette de printemps, quand les poules pondaient les plus beaux œufs. De nos jours les poules pondent de bons œufs toute l'année. Faites cependant la dépense d'acheter des œufs fermiers du jour. On m'a servi ce plat délicat dans l'hôtel de luxe d'une station thermale où l'on soignait les ministres et les chanteurs d'opéra stressés.

500 g de riz mi-long,
100 g de beurre de baratte,
4 œufs,
100 g de parmesan fraîchement râpé,
persil,
sel, poivre.

Faites bouillir le riz dans une grande casserole d'eau salée.

Dans un plat creux de service non chauffé, mettez le beurre cru découpé au couteau en copeaux, les jaunes d'œufs et le parmesan.

Mélangez en allongeant avec une demi-louche d'eau de cuisson du riz.

Prenez garde à ne pas faire « cuire » les œufs, qui doivent conserver la consistance d'une crème. Quand le riz est cuit « al dente », égouttez-le en laissant un peu d'eau de cuisson, versez-le dans le plat écumoire par écumoire, toujours pour ne pas faire prendre les jaunes d'œufs.

Tournez aussitôt, poivrez et servez chaud. Vous pouvez saupoudrer chaque assiette de parmesan.

Ajoutez à ce plat du bon persil haché fin.

Risotto à la saucisse fraîche

Vous pourrez utiliser des chipolatas ou de la Toulouse, pourvu qu'elles soient du jour, et que vous connaissiez bien le boucher ou le charcutier qui les fait. La chair doit être pâle et pas trop salée ni épicée. On en trouve toujours, c'est pour ça que j'ai mis cette recette plutôt hivernale dans les quatre saisons.

500 g de riz long ou mi-long
  (Arborio, par exemple),
4 saucisses de Toulouse
  (ou 6 chipolatas),
80 g de beurre,
1,5 l de bouillon de bœuf (page 28),
80 g de parmesan râpé,
1 gros oignon,
1 verre de vin blanc,
sel, poivre.

Faites chauffer le bouillon de bœuf.

Dans un faitout à fond épais faites revenir l'oignon finement haché dans le beurre en même temps que la chair des saucisses émiettée. Quand ce sera bien doré couvrez et cuisez dix minutes à feu doux.

Ajoutez le riz, laissez-le blondir quelques minutes, puis mouillez-le avec le verre de vin blanc. Laissez s'évaporer l'alcool puis versez une louche de bouillon chaud. Tournez constamment en rajoutant du bouillon chaud au fur et à mesure qu'il est absorbé. Un risotto ne se quitte pas des yeux, ni de la cuiller en bois. Il doit être onctueux et liquide.

Retirez-le du feu « al dente » (vingt-vingt-cinq minutes à feu doux) car n'oubliez pas qu'il continue à cuire dans la casserole chaude.

Mettez la moitié du parmesan, vérifiez le sel, tournez bien après avoir poivré, saupoudrez le plat avec le reste de parmesan et laissez reposer cinq minutes avant de servir.

C'est une spécialité de Mantoue.

Riz et anguille

500 g de riz long à risotto,
3/4 de litre de bouillon de bœuf (page 28),
1/2 louche d'huile d'olive,
1 touffe de persil,
1 gousse d'ail, 1 feuille de laurier,
1/2 citron,
1 petite anguille de 400 g,
sel, poivre.

Hachez le persil et l'ail, faites-les revenir dans une cocotte épaisse avec l'huile d'olive. Si votre poissonnier ne l'a pas fait, nettoyez, pelez, ouvrez votre anguille et enlevez-en les arêtes. Coupez-la en petits morceaux et mettez-la dans la cocotte avec la feuille de laurier et le jus du demi-citron pressé. Salez, poivrez.

Mettez le bouillon à chauffer dans une casserole. Quand l'anguille est à moitié cuite (assez vite) ajoutez le riz, faites-le un peu dorer en le mélangeant avec l'anguille et le persil, puis versez le bouillon, louche par louche. Les morceaux d'anguille risquent de se défaire, mais ce n'est pas grave.

Quand le riz est cuit, poivrez et servez.

Il existe une variante avec des petits pois extra-fins. Cuisez-les à part et mettez-les dans le faitout dix minutes avant la fin. Une petite boîte de surgelés suffira.

Riz et rognons

Pour bien présenter ce plat, il vaudrait mieux que vous ayez un moule à savarin. Mais ce n'est pas obligatoire, vous pouvez constituer une couronne de riz en le modelant avec une cuiller, comme si vous faisiez un château de sable. Dans les deux cas le plat de service doit être rond et pas trop creux.

500 g de riz long (Arborio ou Carnaroli, par exemple),
3 rognons de veau (je compte un rognon pour deux personnes),
3 oignons,
150 g de beurre,
1 bouquet de persil,
1,5 l de bouillon de bœuf (page 28),
vinaigre blanc,
sel, poivre.

Allumez votre four (ou minifour) à 200 °C. Hachez finement les oignons et mettez-en la moitié à revenir avec 50 g de beurre dans une cocotte pouvant aller au four.

Dès que les oignons sont blonds mettez le riz à dorer dans la cocotte. Quand le riz aura un peu roussi versez dessus un litre exact de bouillon chaud, tournez, portez à ébullition et mettez au four à découvert pendant quinze minutes.

Pendant ce temps mettez l'autre moitié des oignons avec le persil haché et 50 g de beurre dans une sauteuse qui n'attache pas.

Quand les oignons sont transparents, ajoutez les rognons nettoyés et coupés par votre boucher. Faites-les revenir dix minutes à feu moyen en les surveillant.

Le moment venu sortez le riz du four, incorporez le reste de beurre par petits morceaux et placez le riz dans le moule à savarin. Tassez-le. Retournez-le sur le plat de service et tenez-le au chaud.

Juste avant de retirer les rognons du feu mouillez-les avec une cuillerée de vinaigre blanc et une louche de bouillon. Salez, poivrez, remuez pour obtenir une sauce et versez le tout au centre de la couronne de riz.

Servez dans des assiettes chaudes.

On peut aussi crémer les rognons à la dernière minute. Dans ce cas salez et poivrez un peu plus.

Riz aux foies de volaille

Les abats de poulets sont une richesse dont on ne fait pas assez usage. Ils sont peu coûteux et savoureux. Demandez à votre boucher de conserver quelques foies de volaille et des gésiers, la plupart des poulets à rôtir sont vendus aujourd'hui sans les abats. Demandez-lui de vous les préparer, afin d'être sûrs de ne pas embarquer le fiel. Ceci est un plat pauvre de Lombardie. Dans I Promessi Sposi *de Manzoni, c'était le plat du dimanche.*

500 g de riz long ou mi-long,
100 g de beurre,
80 g de parmesan,
4 foies de volaille,
4 gésiers,
1 carotte, 1 oignon, 1 côte de céleri en branche,
1 feuille de sauge,
2 cuillerées à soupe d'huile d'olive,
1,5 l de bouillon de poule (page 28),
concentré de tomate, extrait de viande,
sel, poivre.

Faites cuire une bonne demi-heure les gésiers dans de l'eau bouillante salée, ou sept minutes dans votre Cocotte-Minute.

Hachez et faites-les revenir en même temps que les foies coupés en quatre dans une petite poêle avec 50 g de beurre et la feuille de sauge. Ne cuisez pas trop, salez à la fin, couvrez et réservez.

Chauffez le bouillon dans lequel vous avez dilué la cuillerée à café d'extrait de viande et une cuillerée à soupe de concentré de tomate.

Hachez finement la carotte, l'oignon et le céleri et mettez-les à revenir avec l'huile d'olive dans le faitout où vous cuisinerez le riz. Veillez à que ça ne brunisse pas, couvrez de temps en temps.

Ajoutez le riz et laissez-le un peu dorer avec les légumes. Mouillez avec le bouillon, louche par louche, en tournant fréquemment. À mi-cuisson (douze minutes), mettez les foies et les gésiers. Tournez.

Retirez du feu « al dente ». Incorporez le beurre restant et le parmesan, poivrez et servez.

Quenelles de riz au veau et foies de volaille

500 g de riz rond,
400 g de jarret ou de poitrine de veau bouilli (ce qui signifie 650 g de veau cru si vous le faites cuire vous-même),
50 g de beurre,
3 foies de volaille,
3 œufs,
1 l de bouillon de poule (page 28),
sel, poivre, noix de muscade.

Faites bouillir le riz dans une grande casserole d'eau salée.

Faites légèrement revenir les foies de volaille nettoyés de tous les nerfs dans un peu de beurre. Quand le riz est cuit, passez-le au mixer avec tous les ingrédients : le veau bouilli (reste de pot-au-feu ou bien bouilli exprès avec un oignon, une carotte et une branche de céleri), les foies, les œufs, une bonne pincée de noix de muscade à peine moulue, du sel, du poivre. Mixez jusqu'à obtenir une pâte compacte pas trop lisse (surveillez le mixer et arrêtez-le à temps).

Fabriquez des quenelles de six centimètres de long, de l'épaisseur d'un bon cigare, disposez-les dans une sauteuse à bord bas, couvrez-les de bouillon, mettez-les à feu vif et servez-les dès que le bouillon arrive à ébullition.

Si vous avez le temps, pour plus de raffinement vous pouvez séparer les jaunes d'œufs et les blancs, monter les blancs en neige et les incorporer dans la mixture en dernier. Vos quenelles n'en seront que plus légères.

Velouté de riz et foies de volaille

Ce potage très paysan ouvre les menus de mariage dans la plaine du Pô. Je l'ai récemment servi en plat unique un dimanche soir, suivi d'une salade crue et cuite (batavia, fenouil cru, haricots verts pochés, fèves cuites et betteraves) assaisonnée à l'huile d'olive et au vinaigre aromatique de Modène, et d'un dessert léger à l'ananas caramélisé. Je ne vous dis pas le succès.

300 g de riz rond,
5 foies de volaille,
50 g de beurre,
1,5 l de bouillon de poule (page 28),
1 touffe de persil plat,
150 g de parmesan de Lodi (Grana),
1 œuf,
sel, poivre.

Mettez le bouillon à bouillir dans une grande casserole. Versez le riz. Pendant qu'il cuit faites revenir dans le beurre les foies nettoyés et hachez-les grossièrement. Quelques minutes avant la fin de la cuisson du riz ajoutez les foies, le persil haché finement et le fromage.

Dans un bol à part vous allongerez le jaune d'œuf avec un peu de bouillon en prenant garde de ne pas le faire « prendre ». Mélangez, joignez-le au potage, salez si nécessaire, poivrez et servez dans une soupière.

Même ceux qui disent ne pas aimer les foies de volaille aimeront ça. Ne leur dites pas tout de suite ce que c'est !

Risotto aux champignons secs, foies de volaille et anchois

500 g de riz long ou mi-long,
300 g de foies de volaille,
80 g de champignons secs,
80 g d'anchois,
2 gousses d'ail,
100 g de beurre,
2 cuillerées d'huile d'olive,
80 g de parmesan râpé,
1 l de bouillon de poule (page 28),
poivre.

Faites d'abord tremper les champignons dans un bol d'eau tiède.

Dans la cocotte ou le faitout où vous faites vos risottos faites revenir dans l'huile et la moitié du beurre l'ail et les anchois (soit des anchois à l'huile, que vous aurez bien égouttés, soit des anchois au sel que vous aurez soigneusement dessalés dans du lait ou de l'eau tiède).

Écrasez les anchois avec une fourchette. Puis ajoutez les champignons ramollis bien lavés (attention à la terre accrochée aux pieds), hachés grossièrement, avec les foies nettoyés et coupés en morceaux. Ne salez pas, le sel des anchois suffit.

Faites revenir quelques minutes. Versez le riz, tournez bien, laissez-le s'imbiber des corps gras, puis mouillez avec une louche de bouillon chaud. Tournez sans cesse en rajoutant du bouillon au fur et à mesure qu'il est absorbé, jusqu'à la bonne cuisson du riz. Moi je l'aime « al dente ».

Introduisez à la dernière minute le beurre restant et le fromage. Ce risotto doit être assez liquide.

N'oubliez pas qu'il continue à cuire et à épaissir dans la cocotte chaude où vous devez le servir. Poivrez.

Servez votre risotto dans des assiettes chaudes, avec un bon verre de condrieu.

Risotto à la tomate, foies de volaille et moelle

500 g de riz long ou mi-long,
4 belles tomates mûres ou une boîte d'une livre de tomates pelées,
300 g de veau (épaule ou tendron),
200 g de foies de volaille,
100 g de moelle de bœuf,
50 g de beurre,
1 oignon, 1 carotte, 1 branche de céleri,
1,5 l de bouillon de poule (page 28),
100 g de parmesan.

Faites revenir les légumes hachés (oignon, carotte et céleri) dans le beurre. Ajoutez la viande de veau coupée en petits morceaux, puis les foies de volaille nettoyés et coupés en dés et enfin les rondelles de moelle.

Quand tout sera bien revenu ajoutez les tomates pelées et épépinées.

Après dix minutes versez le riz, tournez et mouillez avec une louche de bouillon chaud. Continuez la cuisson du riz en remettant du bouillon chaque fois que le riz l'a absorbé (vous constaterez la formation de trous, comme de petits puits en surface du risotto). Tournez fréquemment, goûtez.

Dès que c'est cuit saupoudrez de fromage et servez.

Riz au mouton

C'est une recette dalmate très ancienne que j'ai goûtée il y a bien longtemps, au début de ma carrière, quand je tournais un western à Split. Je jouais le rôle d'une jeune pionnière, le héros était Stewart Granger. En digne star d'Hollywood il se plaignait de tout, sauf de ce plat dont il raffolait. Souvent je pense aux paysages magnifiques où nous tournions, aujourd'hui isolés par la guerre.

400 g de riz long,
500 g de mouton
(haricot ou navarin avec os),
500 g de tomates mûres
ou une boîte de tomates pelées,
80 g de beurre,
1 l de bouillon de bœuf (page 28),
2 oignons,
50 g de fromage de brebis sec,
sel, cannelle, sucre.

Faites revenir les oignons hachés dans votre cocotte avec le beurre. Ajoutez les morceaux de viande, laissez dorer. Après quinze minutes versez les tomates pelées et épépinées, coupées en morceaux. Ajoutez le sel et une cuillerée à café de cannelle. N'oubliez pas la pincée de sucre, pour les tomates.

Mettez à chauffer le bouillon.

Quand la viande est cuite (après une bonne heure), désossez-la, remettez-la dans la casserole avec le riz, mouillez avec du bouillon, que vous ajouterez au fur et à mesure de la cuisson.

Quand le riz est cuit, saupoudrez de fromage râpé et servez avec un petit verre de vin grec dans lequel vous aurez mis à macérer une prune au sirop. C'est une subtilité slave qui est pratiquée de la Pologne aux Balkans.

Riz et pommes de terre

C'est une recette calabraise, servie le jour de visite de l'homme de la n'drangheta (la mafia locale), pour montrer qu'on est pauvre. En message codé, cela veut dire : « Vous ne serez pas réinvité. » À votre table le message sera : « Donne-moi vite la recette ! »

400 g de riz long étuvé,
500 g de pommes de terre farineuses,
100 g de fromage de brebis corse,
1 louche d'huile d'olive,
2 belles tomates mûres,
1 bouquet de persil plat,
1 gros oignon,
1 piment doux (facultatif),
6 feuilles de basilic,
Sel, sucre, poivre.

Hachez l'oignon, pelez les tomates, coupez-les en morceaux et hachez grossièrement le persil. Mettez le tout à revenir ensemble dans votre cocotte avec l'huile. N'oubliez pas la pincée de sucre pour les tomates.

Après quelques minutes salez, poivrez (vous pouvez même mettre un demi-piment doux) et versez une ou deux tasses d'eau.

Quand cette préparation bout, mettez-y les pommes de terre pelées et coupées en dés. Cuisez à feu doux, en tournant souvent.

Par ailleurs faites cuire le riz dans une grande casserole d'eau bouillante salée, égouttez-le « al dente » et versez-le dans la cocotte.

Saupoudrez de fromage râpé avec votre râpe à gros trous puis de basilic haché, tournez bien et retirez du feu.

C'est un vrai délice.

Riz et tripes

Les tripes sont très longues à cuire. Quatre heures minimum (ou une heure de Cocotte-Minute qui risque de vous les déchiqueter). Mon traiteur les vend déjà cuites, je lui demande de les bouillir simplement sans ajouter aucune sauce ni assaisonnement.

En Toscane, des marchands ambulants en vendent dans des bacs, comme ceux de nos marchands de glaces ; ils les découpent devant vous sur la planche de leur chariot et les servent dans un petit pain. Il y en a de plusieurs sortes, plus ou moins charnues, comme le « lampredotto » (notre gras-double). Servi chaud avec du bon poivre, c'est vraiment bon.

300 g de riz long ou mi-long,
800 g de tripes,
2 cuillerées d'huile d'olive,
50 g de parmesan,
2 l de bouillon aux trois viandes : bœuf, veau et poule (page 28),
1 oignon, 1 carotte, 1 branche de céleri,
romarin (frais de préférence),
sel, poivre.

Si vous devez cuire vos tripes, lavez-les et ébouillantez-les pendant quinze minutes. Égouttez-les et rincez-les encore. Coupez-les en lamelles.

Hachez l'oignon, la carotte, le romarin et le céleri avec votre demi-lune et mettez-les à revenir dans la cocotte avec l'huile d'olive. Quand c'est doré ajoutez les tripes, salez, poivrez.

Tournez et laissez revenir quelques minutes, puis versez deux ou trois louches de bouillon chaud. Couvrez et faites cuire à feu doux une bonne heure si les tripes sont précuites, quatre ou cinq heures si elles sont crues (ici la Cocotte-Minute rend tout de même service). Mouillez avec du bouillon en cours de cuisson.

Vingt minutes avant la fin versez le reste du bouillon et le riz. Quand il est cuit incorporez le fromage et servez.

Allez faire une petite marche après. C'est fameux, mais pas léger, léger.

Risotto à la truite

Les truites sont délicates mais n'ont pas beaucoup de goût... Voici une façon de les accommoder qui est originale et qui les met en valeur. C'est aussi une recette pratique quand on n'a pas exactement le même nombre de poissons que de convives.

400 g de riz long ou mi-long
3 truites (600 g environ),
100 g de beurre,
ail, persil,
laurier,
vin blanc sec,
sel, poivre en grains.

Nettoyez les truites, pochez-les une dizaine de minutes dans une casserole d'eau bouillante salée au sel de mer, avec quelques grains entiers de poivre mélangé, gris, vert, rose et blanc, la feuille de laurier et le persil.

À mi-cuisson retirez-les et conservez l'eau de cuisson. Pelez-les, ouvrez-les, enlevez toutes les arêtes et hachez grossièrement la chair.

Faites revenir l'ail dans la cocotte avec 50 g de beurre, ajoutez la chair des truites et laissez frire quelques minutes.

Mouillez avec un verre de vin blanc (je conseille un vin de Loire). Dès qu'il s'est évaporé baignez avec la moitié de l'eau de cuisson du poisson, ajoutez le riz.

Laissez cuire un quart d'heure en allongeant sans cesse avec l'eau de cuisson des truites, incorporez à la dernière minute le beurre restant et servez chaud.

On peut ajouter du parmesan râpé à la fin. Moi je préfère sans.

Soupe au riz, lard et haricots secs

300 g de riz rond,
500 g de pommes de terre,
200 g de haricots secs,
150 g de lard,
1 oignon, 1 branche de céleri,
2 feuilles de laurier,
1 gousse d'ail,
quelques gouttes d'huile d'olive,
50 g de parmesan, ou de gruyère râpé (facultatif),
sel, poivre en grains.

Vous pouvez faire tremper les haricots, mais je vous avoue que, faute de temps, je les mets souvent à cuire directement, ça n'a rien de catastrophique... Les haricots, comme tous les légumes aujourd'hui, poussent rapidement et sont cueillis plus tôt. Ils ne sont plus aussi durs qu'avant.

D'abord mettez les haricots à cuire dans de l'eau froide, avec une gousse d'ail, une feuille de laurier, quelques grains de poivre entiers et quelques gouttes d'huile d'olive. Ne salez qu'à la fin.

Dans un autre faitout faites revenir le lard coupé en petits dés, l'oignon, le céleri hachés, l'autre feuille de laurier puis les pommes de terre pelées et coupées en petits morceaux. Après vingt minutes versez-y les haricots que vous aurez sortis de l'eau presque cuits, mouillez-les avec le bouillon chaud.

Quand les haricots commencent à se défaire versez le riz. Tournez bien. Faites attention, ce riz-là cuit assez vite.

Servez dans une soupière. Le fromage est facultatif.

Variante : on peut adjoindre à cette sorte de « garbure » du chou et des tomates.

Risotto au poulet

J'ai toujours en réserve des blancs et des cuisses de poulet que je congèle. C'est une viande blanche qui se décongèle vite et cuit rapidement. Précieux avantages pour une cuisinière de la dernière minute.

Ce risotto très simple fait beaucoup d'effet. Je vous donne la recette avec moelle, mais on peut aussi la faire sans.

500 g de riz long ou mi-long
pour risotto,
500 g de poulet (2 blancs 2 cuisses),
200 g de foies de volaille,
50 g de moelle de bœuf (facultatif),
70 g de beurre,
80 g de champignons secs,
1 carotte, 1 oignon,
1 branche de céleri,
1,5 l de bouillon de poule (page 28),
concentré de tomate,
80 g de parmesan râpé,
sel, poivre.

Mettez les champignons à tremper dans un bol d'eau tiède.

Nettoyez les foies et désossez les cuisses de poulet. Hachez la viande au couteau, en enlevant les peaux.

Mettez le bouillon à chauffer dans une casserole.

Hachez la carotte, l'oignon et le céleri et mettez-les à revenir dans une cocotte avec 30 g de beurre et la moelle. Quand l'oignon est transparent ajoutez le poulet, les champignons bien lavés et hachés, puis les foies et une cuillerée de concentré de tomate dilué dans un peu de bouillon. Salez et poivrez, couvrez et laissez cuire une vingtaine de minutes.

Puis versez le riz, mouillez-le avec une louche de bouillon chaud et cuisez à feu moyen en tournant souvent et en rajoutant le bouillon nécessaire.

Quand c'est cuit, incorporez le reste de beurre et le parmesan. Mélangez attentivement et servez bien chaud directement dans la cocotte.

Potage de riz au lait

C'est quasiment un dîner de convalescent, d'une saveur oubliée qui fait plaisir, surtout quand on est en bonne santé.

400 g de riz rond,
80 g de beurre,
1,5 ou 2 l de lait entier (non stérilisé),
sel.

Mettez le riz dans le lait froid avec le beurre et le sel. Portez à ébullition doucement et laissez cuire le riz encore dix minutes en tournant constamment pour ne pas faire déborder le lait.

C'est une soupe épaisse, beaucoup plus liquide qu'un risotto. Vous pouvez ajouter un peu d'eau chaude si ça vous paraît trop épais, ou même du bouillon de viande.

Riz au bouillon

Ce potage-là vaut la peine quand il vous reste du bon bouillon d'un pot-au-feu. Tout le goût repose en effet sur la qualité du bouillon.

300 g de riz rond,
1,5 l de bouillon,
1 œuf (du jour),
80 g de parmesan,
sel, poivre.

Faites cuire le riz dans une grande casserole d'eau salée.

Chauffez le bouillon.

Dans le fond de la soupière froide où vous servirez le potage, diluez le jaune d'œuf et le parmesan avec du bouillon encore tiède. Le jaune ne doit pas cuire.

Quand le riz est presque cuit, égouttez-le et versez-le dans le bouillon. Portez à ébullition puis arrêtez le feu et versez dans la soupière par petites quantités en remuant bien. Salez si nécessaire, poivrez et servez bien chaud.

Riz aux olives noires

500 g de riz long étuvé,
100 g d'olives noires dénoyautées,
1 oignon,
3 anchois au sel,
3 tomates mûres mais fermes,
3 cuillerées d'huile d'olive,
vinaigre, 3 citrons,
1 verre de vin blanc,
moutarde, marjolaine fraîche
(ou persil plat),
sel, sucre, poivre.

Faites fondre les anchois bien rincés dans une petite poêle avec un peu d'huile d'olive et d'eau. Écrasez-les avec une fourchette.

Faites cuire le riz dans une grande casserole d'eau bouillante salée.

Pendant ce temps-là vous ferez revenir l'oignon haché dans un peu d'huile, puis quelques gouttes de vinaigre que vous laisserez s'évaporer. C'est un petit secret qui enlève à l'oignon son odeur parfois trop rustique. Puis ajoutez les anchois, une cuillerée de moutarde, les olives noires coupées en quatre, le jus des citrons et le vin blanc. Ça paraît surprenant mais vous verrez la sauce exquise que cela donne.

À côté faites frire quelques minutes dans une poêle qui n'attache pas les tomates pelées et épépinées, découpées en petits carrés, sans oublier de les saupoudrer d'un peu de sucre.

Égouttez le riz « al dente » et servez-le dans un plat creux, versez la sauce et les tomates par-dessus. Décorez avec une poignée de marjolaine fraîche hachée, ou de persil très parfumé.

On trouve cette recette dans les carnets de Tomaso di Lampedusa (*Le Guépard*).

Risotto au parmesan

Ne faites ce risotto que lorsque vous avez du bon parmesan frais qui sent la noisette. Tout le charme de la recette réside dans la qualité du fromage. Avec la montée en flèche du prix du parmesan, c'est devenu un plat de luxe.

500 g de riz mi-long à risotto,
200 g de parmesan râpé,
125 g de beurre,
1 oignon,
1,5 l de bon bouillon,
1 cuillerée d'huile d'olive,
sel, poivre.

Faites revenir l'oignon haché dans l'huile d'olive au fond de la cocotte. Quand il est blond mettez le riz à revenir quelques minutes avec l'oignon. Puis mouillez avec une louche de bouillon chaud en tournant bien.

Après quelques minutes incorporez la moitié du beurre et une poignée de parmesan. Continuez la cuisson en ajoutant du bouillon au fur et à mesure.

Avant de vérifier le sel, retirez le risotto du feu « al dente » et mettez le reste de beurre et de parmesan. Ce risotto sera très crémeux. Ne craignez pas qu'il soit trop liquide, il épaissira avec le fromage qui doit être de première qualité, je le répète. Un tour de poivrier et c'est prêt.

Riz, ail et persil

Voici une typique recette des quatre saisons. Vous avez toujours de l'ail, du beurre et du persil à la maison. En dernier recours vous pouvez utiliser vos herbes surgelées, mais je dis bien en dernier recours. J'apprécie les efforts des producteurs d'herbes surgelées, je salue au passage la maison Darégal, mais tout de même les herbes fraîches sont incomparables.

500 g de riz long ou demi-long
(ici on peut utiliser de l'étuvé),
150 g de bon beurre,
6 gousses d'ail,
1 bouquet de persil plat,
150 g de parmesan fraîchement râpé,
sel, poivre noir.

Mettez le riz à cuire dans trois litres d'eau bouillante salée (dix-huit minutes environ, sauf pour l'étuvé qui cuit en huit ou dix minutes). Pendant ce temps faites dorer à feu doux les gousses d'ail dans la moitié du beurre. Ne les brûlez pas, s'il vous plaît, retirez-les avant.

Hachez les feuilles de persil dans un verre avec des ciseaux (ou votre mini-hachoir en faisant bien attention de ne pas les réduire en purée) et versez-les dans le beurre chaud. Éteignez le feu aussitôt, il s'agit seulement de « flétrir » le persil.

Égouttez le riz et mettez-le dans un plat avec le reste de beurre et le parmesan. Ajoutez le persil. Donnez plusieurs tours de poivrier et remuez énergiquement.

Servez dans des assiettes chaudes.

C'est simple et délicieux.

Version « santé » de ce plat : utilisez du riz brun (semi-complet étuvé) et ne faites pas revenir l'ail dans le beurre. Mettez les gousses d'ail dans le four sans les peler, cuisez-les vingt minutes, puis pressez-les et maniez cette crème d'ail avec le beurre cru, le persil et le parmesan. Mélangez au riz. C'est très fin également.

Riz aux œufs brouillés

400 g de riz long,
10 ou 12 œufs, selon leur taille,
150 g de gruyère,
80 g de beurre,
sauce de soja,
sel, poivre.

Faites blondir le riz dans 40 g de beurre au fond de votre cocotte. Couvrez d'eau bouillante, un bon centimètre au-dessus du riz. Salez, poivrez et mettez le couvercle. Laissez cuire à feu très doux pendant dix-huit minutes (ou le temps qui est indiqué sur le paquet).

Pendant ce temps faites vos œufs brouillés au bain-marie avec le reste de beurre frais, incorporez le gruyère râpé après quelques minutes. Vous aurez pris soin de battre les œufs avant pour qu'ils soient bien onctueux.

Quand le riz est cuit, présentez-le dans un plat creux et faites un puits au milieu avec une grande cuiller. Versez aussitôt les œufs. Proposez de la sauce de soja à ceux qui le souhaitent. Quelques gouttes relèvent et salent agréablement.

Variante: on peut préparer ce plat avec des crevettes roses, qu'on mêle au riz (pas trop cuites, si vous les pochez vous-même), et du safran dans l'eau de cuisson du riz. Moi je préfère la recette toute simple.

Risotto à la bière

On m'a fait goûter ce risotto en Belgique, où décidément on mange très bien. Il est le fruit de l'imagination d'un chef italien installé depuis longtemps à Bruxelles. Vive le brassage des cultures. Vive l'Europe.

500 g de riz long ou mi-long à risotto,
1 oignon,
100 g de beurre,
1 cuillerée d'huile d'arachide,
1/2 l de crème liquide,
ou de lait entier,
1/2 l de bouillon de bœuf (page 28),
100 g de cheddar haché,
1 bière brune,
sel, poivre.

Hachez finement l'oignon et faites-le revenir dans 50 g de beurre mélangé à l'huile au fond de votre faitout. Quand il est transparent faites dorer le riz avec.

Quand celui-ci est bien grillé versez doucement

la bière en faisant attention à ne pas faire de mousse. Tournez sans cesse. Laissez bien évaporer la bière, puis ajoutez la crème liquide, ou le lait chaud si vous n'avez pas de crème. Tournez bien avec votre cuiller en bois la plus solide, salez et poivrez.

Quand la crème est elle-même absorbée, mouillez avec du bouillon chaud et terminez la cuisson en remuant fréquemment pour que ça n'attache pas.

Incorporez le reste de beurre et le cheddar.

Le risotto doit être « all'onda », comme disent les Italiens, soit très crémeux.

C'est un délice.

Le Curry

Il existe une infinité de currys que les livres de cuisine française rapportent avec une certaine inexactitude. Je tiens mes recettes d'une vieille amie anglaise qui avait longtemps séjourné en Inde et qui connaissait tous les secrets. Dans tous les cas le riz se cuit à part, soit à la vapeur dans votre casserole à double fond ou dans votre cuiseur électrique perfectionné (lisez les temps de cuisson dans la brochure), soit tout simplement, dans une grande casserole d'eau bouillante salée. Le riz égoutté « al dente » se tient au chaud dans un plat beurré au four très doux. Les riz appropriés sont le Basmati, le Patna ou le Burma qui sont des riz longs et fins non glacés. Mais le Caroline ou les camarguais conviennent très bien aussi, c'est une question de goût.

Le curry est un mélange d'épices savamment dosé, qui varie selon les régions de l'Inde. Il contient de l'ail, du cumin, du safran, du gingembre, du poivre noir, de la cannelle, de la coriandre, de la noix de muscade, du clou de girofle, de la poudre de moutarde, du piment, du pavot, des amandes, de la noix de coco... Celui que nous achetons est déjà préparé, mais les Indiens se le font moudre chaque matin au marché. Certaines de ces graines ont d'excellentes propriétés et contiennent des vitamines A, P_1, C et D. Mais avec les autres, le foie fait la grimace...

Je vous donne quatre recettes : un curry d'agneau, un curry de poulet, un curry de poisson et un curry de légumes. Ce sont des currys « secs ». Les currys « en sauce » (en anglais on dit dry *ou* wet*) s'obtiennent en allongeant les fonds avec du bouillon, du lait, du yaourt ou du lait de coco.*

Si vous vous lancez dans ces repas indiens, vous pouvez mettre sur la table certains délicieux condiments comme le chutney (mon préféré est celui à la mangue), les pickles au curry, les sauces piquantes et les concombres au yaourt, mais ce n'est pas obligatoire. En revanche, je vous recommande les cacahuètes pilées (dans votre mini-hachoir). Saupoudrées sur le plat et sur chaque assiette elles sont décoratives et croquantes.

Curry d'agneau

400 g de riz long Basmati ou Patna,
800 g d'agneau
(ou de mouton, si vous le digérez),
3 oignons,
1 gousse d'ail,
100 g de beurre
ou d'huile d'arachide,
1 cuillerée de curry en poudre,
1 cuillerée de curry en pot,
1 cuillerée de chutney,
1 citron,
sel.

Hachez les oignons et faites-les revenir dans votre cocotte avec un peu d'huile d'arachide. Ajoutez l'ail haché et dégermé, les currys en poudre et en crème, le chutney et un jus de citron. Mélangez bien et laissez fondre un peu.

Puis ajoutez les morceaux d'agneau dégraissés et coupés en dés et laissez cuire à tout petit feu avec de l'huile d'arachide ou du beurre au moins une heure si c'est de l'épaule ou du gigot, deux heures et plus si ce sont des morceaux différents (demandez alors à votre boucher le temps de cuisson).

Le curry se cuit doucement. Salez, assurez-vous que ça n'attache pas en utilisant une cocotte épaisse avec un bon couvercle.

Servez décoré de fines lamelles de citron, le riz à part.

Variante : Pour la version « en sauce » de ce curry, ajoutez sur la viande en début de cuisson une louche de bouillon et une cuillerée de noix de coco râpée. À la fin versez un jus de citron.

Curry de poulet

1 poulet moyen désossé et découpé,
2 oignons,
4 gousses d'ail
3 cuillerées d'huile
(arachide, tournesol ou olive,
à votre goût),
2 cuillerées de curry (poudre ou pâte),
1 cuillerée de concentré de tomate,
1 citron,
sel, sucre.

Faites revenir l'ail et les oignons hachés dans l'huile, puis ajoutez les épices et le concentré de tomate. Salez, sucrez. Laissez fondre quatre minutes puis ajoutez les morceaux de poulet (qui ne doivent pas être trop gros). Couvrez et laissez cuire à petit feu très doux.

Mouillez avec un peu d'eau chaude si nécessaire, pour empêcher que ça brûle.

À la fin pressez un jus de citron, et si vous souhaitez une sauce un peu plus dense incorporez 50 g de noix de coco râpée.

Servez chaud à côté du riz.

Variante : La même recette peut être appliquée au porc ou au lapin.

Autre variante : On peut ajouter des petits pois à la viande. Ne vous cassez pas la tête, utilisez des extra-fins en boîte ou surgelés. Une petite boîte suffira.

Curry de poisson

Ce curry peut être fait avec n'importe quelle sorte de poisson, mais aussi avec de grosses crevettes, de la langouste ou du homard. Le temps de cuisson dépendra donc du poisson que vous aurez choisi. Personnellement je les cuis à peine, quels qu'ils soient. C'est ma seule entorse aux currys des restaurants indiens que je trouve en général trop cuits.

1 kg de poisson sans arêtes et découpé en filets,
2 oignons,
4 gousses d'ail,
4 tomates,
2 cuillerées d'huile d'olive,
500 g d'épinards en branches (facultatif),
50 g de noix de coco râpée,
2 cuillerées de curry,
2 piments doux,
1 citron,
sel, sucre.

Faites revenir les oignons et l'ail hachés dans l'huile d'olive au fond de votre cocotte. Ajoutez les tomates épépinées coupées en dés. Salez, sucrez (une pincée). Ajoutez le curry et les piments épépinés ; puis les épinards en branches ou surgelés, déjà pochés (c'est facultatif, mais si vous en avez, c'est délicieux). Tournez bien et laissez mijoter dix minutes, mettez les morceaux de poisson ou de homard à la fin et salez encore.

Ne remuez plus, pour ne pas défaire le poisson. Quand c'est cuit arrosez d'un demi-citron pressé. On peut, là aussi, épaissir la sauce avec de la noix de coco râpée, ou du lait de coco (plus difficile à trouver pour qu'il soit de bonne qualité).

Servez chaud avec du riz un peu croquant, après son séjour au four dans un plat à gratin beurré.

Décorez avec des lamelles de citron.

Vous m'en direz des nouvelles.

Curry de légumes

C'est mon préféré. Ma tendance végétarienne ne se satisfait pas de n'importe quelle recette. Le mariage du curry et du riz donne à ces légumes un air de fête.

Plus nombreux seront les légumes, meilleur cela sera. Je vous en donne une liste indicative, considérez qu'il en faut au moins trois de ceux-là.

2 pommes de terre,
2 poireaux,
2 oignons,
1/4 de chou,
1 laitue,
2 tomates,
2 courgettes,
2 poivrons verts,
250 g de petits pois,
100 g de lentilles
(cuites à part, égouttées),
2 carottes,
2 artichauts,
200 g de champignons de Paris,
250 g de chou-fleur,
huile d'olive,
250 g de noix de coco râpée,
20 g de farine de riz (facultatif),
2 œufs (facultatif),
1 citron,
ail, curry, sucre, sel, poivre.

Faites cuire les légumes à la vapeur une vingtaine de minutes, qu'ils soient encore bien croquants.

Assaisonnez-les avec une sauce au curry que vous préparerez de la manière suivante : faites revenir l'ail et l'oignon dans un peu d'huile d'olive ; après quelques minutes mettez deux bonnes cuillerées de curry (en poudre ou en pâte), une pincée de sucre, deux cuillerées de noix de coco râpée, une cuillerée rase de farine de riz (facultatif), un jus de citron et un verre d'eau bouillante.

Laissez cuire une vingtaine de minutes, comme les légumes.

Servez en même temps que le riz cuit à l'indienne (à la vapeur) décoré avec les champignons de Paris sautés à la poêle.

On peut ajouter deux œufs durs hachés dans la sauce. Quel régal !

Omelette au riz et au thon

200 g de riz mi-long,
50 g de beurre,
8 œufs,
1 boîte de thon à l'huile d'olive,
1 dl de crème fraîche,
1 petit verre de lait,
sel, poivre.

Faites cuire le riz à l'eau bouillante salée cinq minutes de moins que le temps indiqué sur le paquet. Quand il est cuit égouttez-le bien et mettez-y la moitié du beurre.

Pendant ce temps-là vous aurez ouvert la boîte de thon, égoutté et jeté l'huile, effiloché le thon avec une fourchette.

Dans une jatte battez les œufs, la crème et le lait. Ajoutez le thon, puis le riz. Salez et poivrez. Battez bien. Faites l'omelette avec le reste de beurre (je préfère le beurre pour cuisiner les œufs, mais si le beurre cuit vous pose un problème, utilisez le corps gras dont vous avez l'habitude).

Si vous aimez l'omelette à l'espagnole (tortilla) retournez-la (faites-la glisser dans un grand plat et d'un mouvement pivotant renversez-la de l'autre côté).

Pour cette omelette-là, qui peut se manger tiède ou froide, je suggère que vous montiez les blancs en neige et que vous les incorporiez doucement mais rapidement au riz et au thon. Votre omelette sera aérienne.

On peut ajouter du persil plat finement haché. Petit secret : moi, je mets aussi une pincée de curry. Personne ne s'en aperçoit mais ça donne un petit goût d'ailleurs.

Servir avec une salade mélangée : batavia, frisée, mesclun, trévise. Un verre de chablis ne gâte rien...

Riz cantonais

Dans les restaurants chinois on sert le riz cantonais comme accompagnement. En réalité c'est un plat en soi, il contient tous les ingrédients d'un plat unique. Vous pouvez augmenter les garnitures à volonté.

400 g de riz long (étuvé, c'est l'idéal),
2 branches de céleri,
6 œufs,
250 g de jambon cuit dégraissé,
250 g de porc frais coupé en filaments,
150 g de crevettes décortiquées
(fraîches ou sous vide),
2 cuillerées d'huile,
2 cuillerées d'alcool de riz
(ou de vin blanc ordinaire),
2 cuillerées de sauce de soja,
2 cuillerées de sauce nuoc-mâm,
1 gousse d'ail,
1 piment doux (ou 1 cuillerée à café
d' harissa en crème),
sel, sucre, poivre.

Pendant que le riz cuit dans l'eau bouillante salée, préparez la sauce : écrasez la gousse d'ail, le piment, le sucre et mélangez avec la sauce nuoc-mâm dans un peu d'eau.

Faites revenir les lamelles de porc et le céleri, nettoyé de ses fils et émincé, dans un poêlon (ou wok) avec l'huile (arachide, tournesol ou olive à votre goût). Quand c'est doré déglacez avec l'alcool de riz (ou en son absence avec le vin blanc) et la sauce de soja. Salez, poivrez, couvrez et laissez mijoter quelques minutes.

Découpez le jambon en dés (vous aurez

demandé à votre charcutier une tranche épaisse), décortiquez les crevettes si ce n'est pas déjà fait. Mélangez le riz, le jambon, les crevettes avec le porc dans un poêlon.

Dans une grande poêle faites une ou deux fines omelettes très sèches que vous découperez en fines lanières. Un conseil : roulez-les dès qu'elles auront un peu refroidi et coupez-les en rondelles avec des ciseaux. C'est le meilleur moyen de ne pas les déchirer.

Mélangez le tout et tenez au chaud jusqu'au moment de servir avec la sauce.

Variante : On peut changer la garniture : remplacer le porc par du poulet (coupé en tout petits morceaux sans os et préparé comme le porc), les crevettes par du crabe, ajouter des pousses de bambou, des carottes râpées grossièrement, des petits pois et des champignons émincés, le tout rissolé. Si la sauce est trop piquante, allongez-la avec de l'eau.

Servez ce riz dans des bols chinois et avec des baguettes, pour rire.

Riz à la tomate fraîche

500 g de riz long,
6 belles tomates mûres,
2 cuillerées d'huile d'olive,
1 oignon, 2 gousses d'ail,
1 bouquet de basilic,
1/2 l d'eau bouillante,
sel, sucre, poivre.

Hachez finement l'ail et l'oignon. Faites-les revenir dans une cocotte avec l'huile d'olive. Quand ils sont blonds, ajoutez les quartiers de tomates que vous aurez pelées (après les avoir trempées dans de l'eau bouillante au bout d'une fourchette) et épépinées. Salez, sucrez et laissez cuire quelques minutes.

Quand le jus des tomates commence à sortir mettez le riz, tournez et poivrez. Ajoutez l'eau bouillante et tournez bien. Couvrez et laissez cuire à petit feu en tournant fréquemment.

Lavez les feuilles de basilic et hachez-les avec des ciseaux dans un verre. Goûtez le riz, s'il est bien « al dente » retirez la casserole du feu et mettez le basilic. On peut ajouter du beurre et du parmesan.

Ce plat est aussi fluide qu'un risotto, mais les morceaux de tomates ne se sont pas complètement défaits.

J'ai mis cette recette dans les quatre saisons car désormais on trouve des tomates sucrées et du basilic toute l'année.

Risotto au gorgonzola

500 g de riz mi-long pour risotto,
100 g de beurre,
300 g de gorgonzola doux de préférence (Croce est une bonne marque),
1 dl de crème liquide,
150 g de parmesan,
1 oignon,
1 verre de vin blanc,
1 l de bouillon de viande (page 28),
sel, poivre.

Faites revenir l'oignon haché dans la cocotte avec 50 g de beurre. Quand il est transparent mettez le riz. Laissez dorer un peu le riz puis mouillez-le avec le vin blanc. Quand il s'est évaporé, versez le bouillon louche par louche au fur et à mesure qu'il est absorbé. Tournez fréquemment.

Pendant ce temps-là faites fondre le gorgonzola découpé en cubes dans un poêlon avec le reste de beurre. Ajoutez la crème, en mélangeant bien.

Quand le riz est cuit « al dente » incorporez cette crème de gorgonzola et le parmesan. Vérifiez le sel, poivrez, tournez bien et servez chaud.

D'aucuns mettent un petit verre de vodka dans le gorgonzola, moi, je n'aime pas trop ça.

Risotto aux quatre fromages alpins

500 g de riz long ou mi-long,
100 g de fontina,
100 g d'emmenthal,
100 g de beaufort,
100 g de comté,
50 g de parmesan râpé,
80 g de beurre,
1 oignon,
1 verre de vin jaune ou blanc sec (Jura),
1 l de bouillon de viande (page 28),
sel, poivre.

Faites revenir l'oignon haché dans la cocotte avec la moitié du beurre. Quand il est blond mettez le riz, laissez dorer quelques minutes, puis mouillez avec le vin blanc (ou mieux, jaune si vous en avez trouvé). Quand le vin est absorbé mouillez avec le bouillon chaud, une louche après l'autre, en tournant tout le temps. Râpez tous les fromages.

Quelques minutes avant de retirer la cocotte du feu introduisez-les dans le risotto. Salez et laissez fondre.

À la fin de la cuisson « all'onda » (bien crémeux) ajoutez le beurre restant, poivrez et saupoudrez de parmesan fraîchement râpé.

Servez chaud, avec un verre de vin jaune bien frais, lui.

Risotto à l'oignon

J'aime ce risotto qui est pourtant un des plus simples de la « cuisine pauvre ». Je suis fâchée avec les oignons crus, mais cuits, en compote ou en assaisonnement, je dois reconnaître que c'est un légume irremplaçable.

C'est mon riz du dimanche soir. Quand il n'y a plus rien dans le frigo, il reste toujours des oignons. Bien sûr, je ne manque jamais de riz, de bon beurre, de vin blanc et de bouillon. De bon poivre noir non plus. Dans cette recette il est fondamental.

500 g de riz mi-long ou long,
6 oignons,
1 l de bouillon de poule (page 28),
100 g de beurre,
1 verre de vin blanc,
100 g de parmesan râpé
(ou de gruyère, ça va aussi),
sel, poivre noir.

Hachez 3 oignons finement, et les 3 autres plus grossièrement. Faites-les revenir tous ensemble dans votre cocotte avec la moitié du beurre.

Quand les oignons sont dorés, mouillez-les avec le vin blanc, et, quand il se sera évaporé, ajoutez le riz.

Commencez à verser le bouillon bouillant assez vite, louche par louche. Quand le riz est cuit « al dente », incorporez le reste de beurre et le fromage. Vérifiez le sel, tournez bien, poivrez abondamment et servez chaud.

Succès garanti.

Minestrone aux herbes aromatiques

Pour les amateurs de potage, en voici un très facile à faire, et pas ennuyeux pour les récalcitrants. Dans ce plat le riz est un support merveilleux qui met en valeur tous les parfums réunis.

250 g de riz rond,
1,5 l de bouillon de légumes (ou concentré),
1/2 louche d'huile d'olive excellente,
1 oignon,
2 gousses d'ail,
1 bouquet de persil plat,
1 bouquet de basilic
(en hiver on peut le remplacer par
de la coriandre fraîche),
1 petite branche de romarin,
quelques feuilles de sauge,
2 feuilles de laurier,
thym, origan,
sel, poivre.

Faites revenir une gousse d'ail et l'oignon haché dans le fond de votre cocotte avec la moitié de l'huile d'olive (vierge, première pression à froid et du meilleur cru).

Quand l'oignon est transparent jetez-y le riz et laissez-le dorer un peu. Mouillez-le avec le bouillon de légumes bouillant, en tournant bien. Laissez cuire à feu moyen.

Pendant ce temps-là hachez très finement toutes les herbes plus la deuxième gousse d'ail et faites-les macérer dans la soupière avec le restant d'huile d'olive. Salez et poivrez.

Quand le riz est cuit (assez rapidement, méfiez-vous), versez-le avec le bouillon dans cette préparation.

Servez aussitôt. Toute votre maison en sera parfumée.

Riz à la vénitienne

500 g de riz long étuvé,
300 g de foie de veau,
2 oignons,
100 g de beurre,
1 dl de crème fraîche,
sel, poivre.

Le riz se cuit à part, dans une grande casserole d'eau bouillante salée, ou à la vapeur, si vous êtes équipés pour cela.

Faites revenir les oignons coupés en fines lamelles dans une sauteuse à bord bas avec le beurre. Quand ils sont dorés ajoutez le foie de veau également coupé en fines lamelles. Laissez revenir cinq minutes à feu moyen, pas plus. Le temps de cuisson du riz est pratiquement celui du foie de veau.

Ajoutez alors la crème fraîche, salez, poivrez, retirez du feu et tenez au chaud. Les oignons doivent être cuits, mais pas fondus.

Égouttez le riz, mettez-le dans un plat de service, versez par-dessus le foie de veau, mélangez et servez chaud.

C'est succulent, et tout à fait différent du risotto.

Croquettes de riz

Elles se font avec tous les restes de riz, particulièrement avec les restes de risottos. La méthode est simple : incorporez au riz un œuf entier, du parmesan fraîchement râpé, et du persil haché (dans les riz qui en contiennent déjà).

Malaxez bien, puis faites des boulettes (pas trop grosses) que vous roulez dans la chapelure, ou à défaut dans la farine, et faites-les frire dans deux doigts d'huile bien chaude (je mélange huiles d'olive et d'arachide). Utilisez pour cela une casserole basse normale ou votre poêle à frire habituelle.

Ces croquettes se mangent tièdes en amuse-gueule avec l'apéritif, ou chaudes en plat, agrémentées d'une sauce tomate légère (voir recette de base n° 2, page 31). Dans tous les cas vous aurez un succès fou.

RIZ DE PRINTEMPS

Soupe de riz au céleri

200 g de riz rond,
1 pied de céleri en branches, entier,
1 bouquet de persil,
1 gousse d'ail,
1,5 l de bouillon de bœuf (page 28),
50 g de lard gras (facultatif),
2 cuillerées d'huile d'olive,
80 g de « grana » (parmesan
de Lombardie),
sel.

Lavez et nettoyez le céleri en tirant bien les fils des plus grosses branches. Faites revenir avec l'huile d'olive dans le fond de votre cocotte l'ail, le lard coupé en dés (le lard est facultatif, mais bien sûr il enrichit le plat, en goût comme en calories) la moitié du persil haché et le céleri émincé.

Quand le céleri est « flétri » mouillez-le avec le bouillon chaud, puis ajoutez le riz. À la fin de la cuisson du riz ajoutez le reste de persil haché menu et le fromage râpé.

Goûtez, salez si nécessaire et servez dans une soupière.

Riz et petits pois

300 g de riz long à risotto
(par exemple, Vialone
de son ancienne appellation),
1 kg de petits pois extra-fins
(j'utilise en général des surgelés, mais
en saison on en trouve quelquefois de
très tendres, dans ce cas achetez-en
1,5 kg non écossés),
100 g de beurre, ou de l'huile d'olive,
100 g de poitrine fumée
ou bien de jambon cru,
la partie du « gambuccio »
près de l'os,
1 l de bon bouillon de bœuf (page 28),
1 oignon,
persil,
80 g de parmesan,
sel, sucre, poivre.

Écossez les petits pois et lavez-les.

Faites revenir dans votre cocotte la poitrine fumée ou le jambon coupés en dés, l'oignon haché et le persil coupé grossièrement avec les ciseaux. On peut mélanger les corps gras, mettre un peu d'huile d'olive et 50 g de beurre.

Après quelques minutes ajoutez les petits pois, avec une pincée de sucre. Laissez mijoter le temps nécessaire selon que les petits pois sont frais ou surgelés. Puis mouillez avec le bouillon et versez le riz. Salez, poivrez, tournez bien.

Goûtez fréquemment pour que le riz ne soit pas trop cuit. Quand c'est prêt ajoutez du beurre et le parmesan.

Mélangez bien et retirez du feu. Ça se présente comme une soupe épaisse qu'on doit manger à la cuiller.

Variante : à la place de poitrine fumée ou de jambon, on peut utiliser du confit d'oie qu'on fait revenir dans son gras. Joignez-y alors quelques graines de fenouil.

Riz au fenouil

Le fenouil est un légume très sain et parfumé qui n'a pas la place qu'il mérite sur les tables françaises. Ce riz est une tradition de carême à Venise, où l'on disait que le fenouil éloignait le diable et soignait la folie...

400 g de riz long
(par exemple, Vialone nano,
ancienne appellation),
4 ou 5 fenouils bien tendres,
100 g de beurre,
1 gros oignon,
1,5 l de bouillon de poule (page 28),
80 g de parmesan ou de vieux cheddar,
sel, poivre.

Ôtez les coques externes des fenouils pour ne garder que les parties les plus tendres. Hachez-les grossièrement, ainsi que l'oignon.

Pendant que vous faites chauffer le bouillon dans une casserole, mettez les fenouils et l'oignon à revenir dans la cocotte avec la moitié du beurre.

Quand l'oignon est doré, versez le riz. Salez, poivrez et laissez-le prendre la saveur des légumes revenus puis mouillez-le avec le bouillon, louche après louche, jusqu'à sa complète cuisson.

Juste avant de le retirer du feu, mettez le reste de

beurre, saupoudrez de fromage (cheddar blanc râpé ou parmesan) et servez chaud, à même la cocotte. Vous étonnerez vos convives.

On peut enrichir ce plat avec des lardons de poitrine fumée revenus avec les fenouils. Dans ce cas il faut les mouiller avec un demi-verre de vin blanc (du Frioul ou de Vénétie tant qu'à faire). C'est alors un riz de jour gras...

Risotto aux petites courgettes de printemps

500 g de riz long,
8 petites courgettes fermes et tendres,
1 oignon, 1 gousse d'ail,
1 bouquet de persil plat,
1 l de bouillon de légumes,
ou bien d'eau minérale plate,
100 g de parmesan fraîchement râpé
ou de comté,
100 g de beurre,
sel, poivre.

Coupez les extrémités des courgettes et grattez-les sous l'eau. À peine, leur peau est délicieuse. Coupez-les en rondelles pas trop fines, hachez finement l'oignon et l'ail. Faites revenir le tout dans votre cocotte avec la moitié du beurre. Contrairement à ce qu'on pourrait attendre l'huile d'olive n'est pas indiquée ici.

Au bout d'une dizaine de minutes ajoutez le riz,

faites-le revenir un peu avec les courgettes. Salez, poivrez.

Versez le bouillon de légumes que vous aurez fait chauffer préalablement, ou à défaut de la bonne eau minérale salée et également bouillie. Tournez bien et faites cuire à feu moyen.

Peu avant de retirer du feu mettez le persil finement haché, le fromage et le reste de beurre. Servez chaud.

Risotto aux asperges

Plus vos asperges auront de goût, meilleur sera votre riz. C'est pourquoi j'utilise, quand j'en trouve, des asperges sauvages. Elles sont coûteuses mais il en faut peu. Éventuellement mélangez-les avec quelques grosses asperges. Les vertes sont préférables.

500 g de riz long à risotto
(par exemple, Vialone),
1 kg d'asperges,
150 g de beurre,
1 oignon,
1,5 l de bouillon de légumes,
1 verre de vin blanc,
100 g de parmesan fraîchement râpé,
sel, poivre.

Pelez les asperges et coupez la partie dure (ce n'est pas utile pour les asperges sauvages qui sont presque intégralement mangeables). Faites-en bouillir la moitié dans de l'eau salée, et hachez finement les autres.

Dans une cocotte, faites revenir l'oignon haché avec la moitié du beurre. Quand il est transparent ajoutez le riz et laissez-le griller un peu. Mouillez avec le verre de vin blanc, laissez s'évaporer, puis versez le bouillon chaud petit à petit.

À mi-cuisson ajoutez les asperges crues hachées. Remuez bien. Goûtez souvent.

À la fin de la cuisson introduisez le beurre qui reste et le fromage. Salez, poivrez et servez dans un plat chaud que vous décorerez avec les asperges bouillies, mais encore croquantes, n'est-ce pas.

On peut saupoudrer chaque assiette de parmesan, sans exagération.

Riz vert aux asperges, courgettes, poireaux et petits pois

500 g de riz long étuvé,
3 petites courgettes fermes,
250 g de petits pois extra-fins surgelés,
2 poireaux,
300 g d'asperges vertes fraîches
ou surgelées,
100 g de beurre,
100 g de parmesan,
1 verre de vin blanc,
1 l de bouillon de poule (page 28),
1 bouquet de persil plat bien vert,
sel, poivre.

Nettoyez les poireaux en laissant le vert (ici, surgelés impossible, ça n'a vraiment pas le même goût), coupez-les en rondelles et faites-les revenir dans le fond de votre cocotte avec la moitié du beurre.

Quand ils sont « flétris » ajoutez les petits pois (ébouillantés s'il s'agit de surgelés), les courgettes à peine grattées, lavées et coupées en rondelles, et enfin les pointes d'asperges (également décongelées).

Laissez revenir le tout une dizaine de minutes en tournant délicatement, en ajoutant un peu de bouillon chaud si ça attache.

Mettez alors le riz, tournez et mouillez avec le vin blanc. Montez le feu pour faire évaporer le vin, puis commencez à verser le bouillon chaud, au fur et à mesure de la cuisson du riz. Salez et poivrez.

À la fin de la cuisson (environ vingt minutes à feu doux) ajoutez le persil coupé grossièrement aux ciseaux, le restant de beurre et le parmesan.

Le riz aura légèrement verdi au contact de tous ces légumes. C'est un plat élégant et délicat.

Risotto primavera

Il y a plusieurs façons de réaliser ce célèbre riz printanier. Je vous en donne deux, mais le plus important, dans tous les cas, c'est la qualité et la variété des légumes que vous utiliserez. Pour la bonne règle il en faut au moins six. Plus il y en aura, meilleur ce sera. À l'approche des légumes d'été (poivrons rouges et jaunes, courgettes, aubergines et oignons doux) vous pourrez faire une version plus estivale de ce risotto. Appelez-le alors « Riz de Juillet » ; il rappellera aux cinéphiles un certain rendez-vous...

500 g de riz long pour risotto,
100 g de pointes d'asperges,
150 g de petits pois extra-fins
(frais ou surgelés),
80 g de haricots verts très tendres,
3 artichauts poivrade,
3 tomates,
3 pommes de terre nouvelles,
2 carottes nouvelles,
2 oignons,
1 branche de céleri, 1/2 laitue,
50 g de beurre, 50 g d'huile d'olive
(la meilleure),
80 g de parmesan fraîchement râpé,
1 l de bouillon de bœuf (page 28),
sel, poivre.

Nettoyez tous les légumes. Coupez en petits dés les artichauts, les pommes de terre, les carottes et les haricots verts. Hachez les oignons, les carottes et le céleri et faites-les revenir en premier dans votre cocotte avec l'huile d'olive.

Quand l'oignon est transparent ajoutez tous les autres légumes préparés et coupés en morceaux et laissez mijoter dix minutes, puis ajoutez-leur les petits pois, les pointes d'asperges et le riz. Salez et poivrez.

Tournez bien et mouillez avec une louche de bouillon chaud. Continuez à cuire à feu doux en remouillant avec le bouillon dès qu'il est absorbé, et en remuant fréquemment.

À la fin de la cuisson ajoutez le beurre et le parmesan, tournez encore et servez chaud.

Risotto primavera
(deuxième méthode)

Préparez un risotto simple avec seulement l'oignon revenu et le riz, et cuisez les légumes à part dans une poêle avec le beurre en les déposant par ordre de temps de cuisson (d'abord les artichauts et le céleri, puis les carottes, puis les autres légumes).

Quelques minutes avant de retirer le risotto du feu incorporez les légumes rissolés et le parmesan. Dans cette version il est préférable de ne pas mettre de tomate. Les légumes resteront plus secs.

Variante : Dans l'une et l'autre recette on peut ajouter du basilic frais à la fin et décorer le plat avec une petite touffe de feuilles entières au milieu du plat.

Risotto de Padoue

C'est le risotto des repas de mariage dans la plaine du Pô. Là-bas, les mariages avaient lieu au printemps à cause du grand travail dans les rizières l'été. Les femmes enceintes y barbotaient jusqu'à la veille de leurs accouchements. Encore aujourd'hui le paquet de riz que vous trouverez au rayon de votre supermarché a demandé beaucoup d'efforts et de technologie. Le consommateur est roi. Et dire que certains se plaignent de notre siècle.

350 g de riz long ou mi-long,
500 g de petits pois extra-fins
ou surgelés,
150 g de veau haché (longe ou collet),
80 g de beurre,
un peu d'huile d'olive,
3 foies de volaille,
1 oignon, 1 branche de céleri,
1 l de bouillon,
50 g environ de parmesan râpé,
sel, poivre.

Mettez le bouillon à chauffer.

Nettoyez les foies de volaille si nécessaire et coupez-les en morceaux.

Hachez l'oignon et le céleri et faites-les revenir dans votre cocotte avec un peu d'huile d'olive et la moitié du beurre. Laissez dorer quelques minutes puis ajoutez le veau, les foies et les petits pois. Salez, poivrez et laissez revenir le tout encore huit à dix minutes avant de mettre le riz.

Faites dorer le riz avec les autres ingrédients puis mouillez avec du bouillon chaud, louche après louche au fur et à mesure que le bouillon est absorbé. Tournez constamment et retirez du feu « al dente ».

Incorporez le reste de beurre et le parmesan. Mélangez bien et servez aussitôt.

Riz aux artichauts, tomates et champignons

500 g de riz long
(Arborio ou Carnaroli),
8 artichauts du Midi
(poivrade ou violets),
300 g de champignons de Paris,
1 oignon,
250 g de tomates pelées
(fraîches ou en boîte),
2 gousses d'ail,
1/2 verre de vin blanc,
2 anchois (au sel de préférence),
1 bouquet de persil,
3 cuillerées d'huile d'olive,
1 citron,
sel, sucre, poivre.

Nettoyez les artichauts et coupez-les en huit. Pour qu'ils ne noircissent pas laissez-les tremper dans de l'eau froide avec un jus de citron. Nettoyez les champignons, coupez-les en lamelles.

Hachez l'oignon, l'ail et le persil et faites-les revenir dans votre cocotte avec l'huile d'olive.

Ajoutez assez rapidement les anchois dessalés sous l'eau et nettoyés de leurs arêtes, puis les champignons et les artichauts bien égouttés. Laissez revenir quelques minutes et mouillez avec le vin blanc.

Quand il s'est évaporé ajoutez les tomates pelées coupées en morceaux, salez et poivrez et n'oubliez pas le morceau de sucre. Couvrez et laissez mijoter quarante minutes.

Mettez votre riz à bouillir dans une grande casserole d'eau bouillante salée. Retirez-le du feu « al dente » avant que la sauce soit prête, et servez-le bien chaud avec cet assaisonnement.

Risotto aux artichauts

C'est un risotto toscan qui se mange dans la région de Sienne. On disait, au temps de la Renaissance, que les artichauts étaient un antipoison, et, comme tout le monde se méfiait de tout le monde, les artichauts figuraient à tous les repas...

500 g de riz long pour risotto,
8 artichauts du Midi bien tendres,
100 g de jambon cru ou de lardons maigres,
80 g de beurre,
1 l de bouillon de bœuf (page 28),
persil,
1 citron,
100 g de parmesan,
sel, poivre.

Nettoyez les artichauts en les débarrassant de toutes les parties dures et du foin, coupez-les en quatre puis en lamelles et mettez-les à tremper dans un peu d'eau froide avec un jus de citron. Ainsi ils ne noirciront pas et garderont un subtil parfum de citron.

Pendant que le bouillon chauffe dans une casserole, faites revenir au fond de la cocotte le jambon découpé en dés (ou les lardons coupés en deux ou trois) avec le beurre et la moitié du persil haché.

Après quelques minutes ajoutez les artichauts égouttés et laissez revenir. Mouillez avec une louche de bouillon chaud, couvrez et laissez mijoter dix minutes.

Ajoutez alors le riz, faites-lui absorber le jus des artichauts, puis mouillez-le avec le bouillon, petit à petit, jusqu'à la fin de la cuisson.

Vérifiez le sel, poivrez, incorporez le restant de persil finement haché, le parmesan et servez chaud.

Riz au four aux cœurs d'artichauts et fromage de brebis

500 g de riz long,
12 cœurs d'artichauts
(les surgelés sont parfaits),
100 g d'huile d'olive,
2 gousses d'ail,
1 l de bouillon,
1 bouquet de persil plat,
100 g (au moins) de tomme de brebis
des Pyrénées,
1 citron,
sel, poivre.

Mettez à tremper les cœurs d'artichauts (décongelés) dans le jus de citron allongé avec un peu d'eau. Si vous pouvez, laissez-les tremper une heure. Mais si vous n'avez pas le temps, ce n'est pas grave.

Dans un plat à four à bord bas répartissez le riz cru et sec, parsemez-le du persil haché aux ciseaux et de l'ail coupé en lamelles. Disposez par-dessus les cœurs d'artichauts coupés en deux ou en quatre selon leur taille, versez l'huile à petit filet sur tout le plat, couvrez de bouillon chaud, salez, poivrez et saupoudrez de fromage râpé avec la râpe à gros trous.

Mettez au four chaud (200 °C) et laissez cuire une demi-heure. Si vous constatez que ça se dessèche, mouillez avec un peu d'eau chaude ou de bouillon. C'est un riz croustillant qui peut se manger en plat unique ou en accompagnement d'une volaille ou d'un poisson (dans ce cas faites-en moins).

Soupe de riz aux fèves fraîches

300 g de riz rond
(en Italie son nom est Balilla),
1 kg de fèves fraîches écossées,
100 g de lard maigre
(ou pour ceux qui ne mangent pas de porc 200 g de confit d'oie avec sa peau),
50 g de beurre,
1 oignon,
1 bonne cuillerée de concentré de tomate,
sel, poivre.

Hachez l'oignon et le lard (ou le confit). Faites-les revenir ensemble dans le fond de votre cocotte (le lard ou le gras d'oie sert de corps gras).

Quand l'oignon est blond ajoutez les fèves (je vous conseille de les peler, ce sera plus raffiné, les peaux sont amères). Laissez revenir quelques minutes, salez, poivrez et mouillez avec un verre d'eau chaude dans laquelle vous aurez dilué le concentré de tomate. Couvrez.

Après dix minutes, mettez le riz dans la cocotte, mélangez bien, incorporez le beurre et versez un bon litre d'eau bouillante.

Quand le riz est prêt servez-le dans une soupière. On peut embellir cette soupe paysanne avec des croûtons frits et du parmesan dans chaque assiette ; moi, je la préfère nature.

Risotto paysan aux fèves, petits pois et oignons jeunes

Ce risotto se fait à l'époque des légumes nouveaux qui cuisent vite et dont il faut prendre soin de ne pas étouffer la saveur délicate. Ma sévère belle-mère choisissait elle-même ses légumes un à un, elle les étalait délicatement dans un panier plat comme des fromages. Jamais les uns sur les autres, même les oignons, jamais au frigo. Évidemment elle avait une resserre fraîche où elle conservait ses provisions, achetées quasi quotidiennement. Je me souviens d'une discussion avec ma chère amie Suzanne Flon à propos des courses dans les supermarchés et des réfrigérateurs remplis ! Tu avais raison, Suzanne, on achète trop de choses, trop à l'avance.

500 g de riz mi-long
(de son nom ancien, Maratelli),
500 g de fèves fraîches (écossées),
300 g de petits pois frais (écossés),
250 g de tomates pelées,
10 g d'huile d'olive vierge
(première pression à froid),
100 g de poitrine fumée ou de lardons,
1 petite courgette bien ferme,
1 carotte nouvelle, 6 oignons jeunes,
1 branche de céleri,
1 bouquet de persil,
quelques feuilles de basilic,
100 g de parmesan râpé,
sel, sucre, poivre.

Écossez séparément les fèves et les petits pois. Moi je les passe sous l'eau à cause des petits insectes qui pourraient y avoir niché leurs œufs, mais ce n'est sans doute pas nécessaire.

Hachez les oignons, la carotte (à peine grattée et passée sous l'eau), le céleri, le persil et le basilic.

Dans le fond de votre cocotte faites-les revenir avec les lardons et l'huile d'olive. Quand ils sont dorés ajoutez les tomates pelées et épépinées, les fèves pelées et la courgette coupée en fines rondelles ou râpée grossièrement. Salez, poivrez, n'oubliez pas le morceau de sucre.

Couvrez et laissez mijoter vingt minutes à feu doux. Ajoutez les petits pois en dernier, et quelques minutes après le riz.

Tournez bien le riz pour qu'il s'imbibe de toutes les saveurs des légumes, puis mouillez-le avec l'eau bouillante salée (1 l environ), louche par louche, au fur et à mesure que le risotto épaissit. Tournez fréquemment et goûtez pour vous assurer de la bonne cuisson. Rappelez-vous qu'il continue de cuire dans la casserole chaude et qu'il faut le retirer du feu « al dente ».

Incorporez le fromage à la fin. On peut quelquefois remplacer le parmesan par de la crème fraîche, ils remplissent le même office dans les deux cuisines, la française et l'italienne. Le parmesan est moins calamiteux pour le taux de cholestérol...

Riz au four aux légumes de printemps

500 g de riz long
(sur certains paquets de luxe
vous lirez : superfino Arborio ou
Carnaroli),
3 saucisses chipolatas ou
2 Toulouse fraîches,
50 g de champignons secs,
1 oignon nouveau,
2 artichauts pointus,
100 g de petits pois extra-fins,
50 g de beurre,
1/2 l de bouillon de bœuf (page 28),
50 g de parmesan râpé du jour,
1/2 verre de vin blanc,
sel, poivre.

Une demi-heure avant de vous mettre à cuisiner, faites tremper les champignons secs dans un peu d'eau tiède.

Ouvrez les saucisses et hachez-les, ainsi que l'oignon. Mettez-les à revenir au fond de votre cocotte avec la moitié du beurre. Ajoutez les champignons égouttés, nettoyés et hachés, puis la partie tendre des artichauts nettoyés et hachés, puis les petits pois.

Salez, poivrez. Mouillez avec une louche de bouillon bouillant, couvrez et laissez mijoter à feu doux un bon quart d'heure.

Pendant ce temps-là, faites bouillir le riz cinq minutes dans une casserole d'eau bouillante salée. Égouttez-le et versez-le dans la cocotte. Incorporez le fromage. Tournez bien. Disposez ce riz dans un plat à four beurré. Mettez-le au four chaud (190 °C) pendant vingt-cinq minutes.

Le riz est prêt quand il a une belle croûte dorée.

On peut enrichir ce plat en parsemant quelques petits morceaux de beurre sur le plat avant de le mettre au four. Pour ma part j'essaie toujours de réduire les quantités de gras, mais j'utilise toujours du beurre, rien que du *vrai beurre,* en quantité raisonnable.

Ouzi (épaule d'agneau au riz)

C'est une recette libanaise. J'ai appris à mieux connaître la grande cuisine de cette région du monde grâce aux nombreux Libanais émigrés en France. Comme toutes les cuisines du Bassin méditerranéen, c'est meilleur chez les gens que dans les restaurants. C'est même incomparable. Cet « ouzi » ne se mange que dans les familles.

Au Liban et en Syrie, on farcit de riz un agneau de lait entier, que l'on fait bouillir dans une grande marmite. Je vous donne la version occidentalisée...

1 épaule d'agneau coupée
en 6 morceaux,
2 oignons,
100 g de beurre,
350 g de riz long,
300 g de steak haché,
100 g de pignons,
100 g d'amandes effilées,
menthe fraîche,
sel, poivre de la Jamaïque.

Faites revenir dans une cocotte les morceaux d'agneau et l'oignon haché avec 50 g de beurre. Salez et poivrez abondamment. Quand la viande est dorée couvrez-la d'eau, mettez un couvercle et laissez mijoter une heure et demie à feu doux.

Dans une autre cocotte préparez ensuite le riz : faites revenir la viande hachée et l'autre oignon également haché dans le reste de beurre. Quand l'oignon est transparent, ajoutez le riz et l'eau de cuisson de l'agneau. Allongez avec un peu d'eau chaude si nécessaire : le riz doit être couvert de liquide. Laissez-le cuire à feu doux pendant une demi-heure à peu près (le temps de cuisson exact dépend de la qualité du riz que vous utilisez, lisez la notice) et goûtez.

Servez ce riz entouré des morceaux d'agneau, des pignons et des amandes que vous aurez fait griller dans une petite poêle avec un soupçon de beurre. Pour ne pas avoir à attendre vous pouvez préparer l'agneau la veille.

Pour l'œil, décorez votre plat de quelques petites touffes de feuilles de menthe fraîche.

Bamia bel lahmeh
(riz aux gombos et fricassée d'agneau)

Les gombos sont de petits légumes délicieux qu'on commence à trouver sur nos marchés. Ils ressemblent à des piments, mais ils sont doux et verts. Ils sont légèrement velus, on les lave avant de les cuisiner.

1 kg de gombos,
350 g de riz long étuvé,
6 belles tomates,
500 g de sauté d'agneau
(ne lésinez pas sur la quantité),
200 g de beurre,
5 gousses d'ail,
1 bouquet entier de coriandre fraîche,
2 citrons,
sel, sucre, poivre.

Nettoyez les gombos. On leur coupe simplement les pieds, et on les passe à l'eau. Égouttez-les bien et mettez-les à revenir dans une poêle avec la moitié du beurre. Contrairement à ce qu'on pense beaucoup de recettes orientales sont cuisinées avec du beurre et non avec de l'huile d'olive.

Dans une sauteuse à bord haut, ou dans votre cocotte habituelle, faites revenir la viande avec le reste de beurre, l'ail pressé et la coriandre hachée. Après quelques minutes mettez les tomates pelées et épépinées, et les gombos. Finissez par une couche de tomates.

Salez, poivrez, saupoudrez d'une cuillerée à café de sucre et recouvrez d'eau bouillante. Portez à ébullition à feu vif, puis ajoutez le jus des deux citrons, couvrez et laissez mijoter une demi-heure.

Pendant ce temps-là faites cuire le riz dans une grande casserole d'eau bouillante salée. Égouttez « al dente » et servez sur un plat à tajine entouré de l'agneau aux gombos.

Décorez votre plat avec quelques rondelles de citron.

Poulet farci au riz

C'est une recette marocaine de mon enfance. Mon père, ingénieur agronome dans un « jardin d'essai » près de Meknès, appréciait beaucoup les traditions de ses ouvriers. Il disait que leur cuisine ressemblait à celle du sud de la Russie, à la différence... qu'elle était plus savoureuse. Le riz est très utilisé au Maroc, même s'il est éclipsé par le couscous.

1 poulet fermier
(idéalement de Bresse)
1,5 kg minimum,
100 g de riz long,
1 kg de tomates,
1 gros bouquet de persil plat,
10 brins de coriandre fraîche,
5 feuilles de menthe,
100 g de beurre,
cumin, poivre noir, piment en poudre
(paprika),
gros sel, sucre.

Mélangez une bonne quantité de sel et de poivre dans une coupelle et frottez-en le poulet à l'intérieur et à l'extérieur. Pour cette opération j'utilise un pinceau propre avec lequel je badigeonne le poulet dans tous les recoins.

Pelez les tomates (un autre truc pour les peler : au lieu de les ébouillanter au bout d'une fourchette, grattez méthodiquement toute la surface de votre tomate avec la lame du couteau, la peau se détachera plus facilement ensuite). Épépinez-les et coupez-les en morceaux.

Faites cuire le riz dix minutes dans une grande casserole d'eau bouillante salée. Égouttez-le et mélangez-le dans un grand saladier avec le beurre, les tomates, le persil, du sel, du poivre, une petite cuillerée de piment, une pincée de cumin et une pincée de sucre.

Remplissez le poulet de cette farce, et fermez les orifices avec une aiguille et du fil de cuisine ou de petites piques en bois.

Faites cuire ce poulet à la vapeur, dans la partie haute de votre couscoussier, ou de n'importe quelle casserole à double fond. Le temps de cuisson varie entre une heure quinze et une heure et demie, selon la taille du poulet.

Mettez un linge propre et légèrement humide enroulé entre le couvercle et la casserole pour plus d'étanchéité. Ne touchez pas le poulet en court de cuisson, et posez-le dos vers le haut.

Servez dans un plat chaud en disposant la farce au milieu et les morceaux de poulet tout autour, décorés de persil et de coriandre hachés, et de rondelles de tomates pelées crues.

C'est fin et inattendu.

Risotto aux épinards

On peut faire ce risotto toute l'année avec des épinards en branches surgelés, mais je garderais cette occasion pour le printemps, à la saison des épinards frais. On n'a plus besoin de les ébouillanter, aujourd'hui ils sont si tendres et sucrés qu'on peut même les manger crus en salade.

400 g de riz long à risotto
(Vialone ou Vialone nano étaient
leurs noms anciens
dans la plaine du Pô),
500 g d'épinards,
120 g de beurre,
2 oignons,
1 carotte, 1 branche de céleri,
150 g de parmesan fraîchement râpé,
1,5 l de bouillon de poule (page 28),
sel, poivre.

Lavez les épinards (il peut y avoir de la terre et des petits escargots, mais c'est de plus en plus rare, tout ça pousse dans des serres qui sont de vraies cliniques...). Faites revenir un oignon, la carotte et la branche de céleri dûment nettoyés et hachés dans une cocotte avec la moitié du beurre.

Quand ils sont dorés ajoutez les épinards hachés grossièrement au couteau, mouillez avec une louche de bouillon bien chaud, salez, poivrez, couvrez et laissez mijoter une petite demi-heure en ajoutant du bouillon si nécessaire.

Par ailleurs faites revenir l'autre oignon finement haché dans un fond de votre cocotte à risotto avec le reste de beurre. Quand il est transparent mettez le riz. Laissez-le dorer quelques minutes en remuant bien.

Mouillez avec une louche de bouillon, et commencez à cuire le risotto, en ajoutant du bouillon chaud au fur et à mesure qu'il épaissit.

Quand les épinards sont cuits passez-les au mixer et incorporez-les au riz dix minutes avant la fin de sa cuisson.

Mettez le fromage à la fin, tournez bien et servez chaud dans des assiettes qui ne jurent pas avec le beau vert de ce risotto.

Risotto aux fraises
(plat salé)

Voici un plat original qui surprendra vos amis. Ne leur dites pas tout de suite ce que c'est !

500 g de riz long étuvé,
300 g de fraises,
100 g de beurre,
100 g de parmesan,
1/2 verre de porto blanc,
1 oignon,
1 l de bouillon de bœuf (page 28),
sel, poivre.

Lavez les fraises (avec les queues, autrement elles se remplissent d'eau), essuyez-les et ensuite équeutez-les. Passez-en les deux tiers au mixer, et hachez les autres au couteau. Vous pouvez en garder une ou deux pour décorer le plat, si vous préférez vendre la mèche !

Faites revenir l'oignon finement haché dans le

fond de votre cocotte avec la moitié du beurre. Quand il est blond ajoutez le riz que vous laisserez dorer un peu. Mouillez-le avec le porto, tournez bien. Quand il s'est évaporé ajoutez du bouillon très chaud, louche par louche.

Quelques minutes avant la fin de la cuisson incorporez la purée de fraises et les fraises en morceaux. Remuez doucement. Mettez le reste de beurre et le parmesan à la fin. Vérifiez sel et poivre et servez aussitôt.

Risotto à la roquette
(mesclun)

400 g de riz mi-long pour risotto
(« Maratelli »),
200 g de roquette,
4 belles tomates bien mûres,
1 petit oignon,
50 g de beurre,
3 cuillerées d'huile d'olive,
1/2 verre de vin blanc,
1 l de bouillon de légumes,
100 g de fromage de brebis corse râpé,
1 gousse d'ail,
sel, sucre, poivre.

Lavez la roquette, enlevez les parties sèches et coupez-la grossièrement avec des ciseaux. Faites-la revenir avec l'ail entier dans un petit faitout avec de l'huile d'olive. Au bout de quelques minutes ajoutez les tomates concassées (pelées et épépinées), salez, poivrez, sucrez (un demi-sucre). Ajoutez une demi-louche d'eau chaude, couvrez et laissez mijoter à feu doux pendant vingt-cinq minutes.

Pendant ce temps faites revenir dans votre cocotte l'oignon finement haché avec un peu d'huile d'olive, quand il est blond, versez-y le riz que vous laisserez dorer en tournant bien. Mouillez avec le vin blanc, laissez-le s'évaporer, puis mouillez avec le bouillon de légumes bouillant, louche par louche, jusqu'à épuisement du bouillon. Tournez fréquemment.

Quelques minutes avant la fin de la cuisson du riz incorporez la sauce tomate à la roquette, le fromage et un petit morceau de beurre si ça vous chante.

La roquette cuite a un goût délicat, légèrement amer qu'on pourrait comparer à celui de certains brocolis sauvages du sud de l'Italie.

Risotto aux orties

Les orties se trouvent quelquefois sur nos marchés, pas souvent, je vous l'accorde, et pendant une courte période au printemps. Si vous en trouvez, essayez cette recette, c'est, à mon avis, la meilleure façon d'accommoder les orties, qui ont de nombreuses vertus, paraît-il. Elles soignent les rhumatismes et la circulation.

400 g de riz brun long,
300 g d'orties,
100 g de fromage fumé
(danois ou hollandais,
demandez à votre fromager),
80 g de beurre,
1 l de bouillon de bœuf (page 28),
1 verre de vin blanc,
1 oignon,
3 cuillerées d'huile d'olive vierge,
sel, poivre blanc.

Faites revenir l'oignon finement haché dans le fond de votre cocotte à risotto avec l'huile d'olive et la moitié du beurre.

Quand il est transparent ajoutez le riz et laissez-le dorer quelques minutes. Mouillez avec le vin blanc, laissez s'évaporer.

Ajoutez le bouillon chaud, louche après louche, au fur et à mesure que le risotto cuit (à feu doux). Aux trois quarts de la cuisson ajoutez les feuilles d'orties coupées aux ciseaux et le fromage fumé en dés. Tournez bien.

À la fin de la cuisson « al dente » incorporez le reste de beurre, vérifiez le sel, poivrez, couvrez et laissez reposer quelques minutes avant de servir.

Tourte de riz aux feuilles de blettes

300 g de riz long,
500 g de blettes (sans les côtes)
ou d'épinards en branches,
1 poireau, 1 oignon,
100 g de beurre,
1 bouquet de persil,
4 œufs,
50 g de parmesan râpé,
100 g de gruyère râpé,
1 gousse d'ail, 1 feuille de laurier,
1 feuille de sauge,
3 feuilles de basilic,
2 cuillerées d'huile d'olive,
chapelure,
sel, poivre.

Faites bouillir le riz dix minutes dans une grande casserole d'eau bouillante salée. Égouttez-le, passez-le une seconde sous l'eau froide.

Dans une autre casserole d'eau salée, faites bouillir cinq minutes les feuilles vertes des blettes (gardez les côtes pour un autre jour), ou les épinards, faute de blettes. Égouttez-les. Hachez-les et mélangez-les au riz.

Hachez l'oignon et le poireau entier, vert et blanc, faites-les revenir dans une poêle avec 50 g de beurre et un peu d'huile. Mettez la feuille de laurier et la feuille de sauge, que vous retirerez quand l'oignon et le poireau seront cuits (mouillez-les avec un peu d'eau chaude et couvrez-les à feu doux pour qu'ils ne brûlent pas).

Éteignez le feu. Ajoutez le riz à cette préparation, puis le persil et le basilic hachés et l'ail pressé. Quand c'est suffisamment refroidi ajoutez les œufs battus, le gruyère, du sel et du poivre. Étalez ce mélange dans un plat à four beurré, saupoudrez la surface de copeaux de beurre, de chapelure et de parmesan et mettez à four chaud (200 °C) pendant une demi-heure. Laissez tiédir avant de servir avec une sauce tomate légère (page 31, sauce tomate n° 1) ou tel quel.

Velouté de riz aux laitues

Cette soupe et la suivante sont bien françaises. Ce sont deux classiques. J'ai repris goût aux soupes depuis quelque temps, grâce à des recettes comme celles-ci, que je sers en plat unique, en l'annonçant à l'avance. On ne goûte pas ces plats de la même manière, si on pense qu'ils seront suivis de plusieurs autres. Dans les campagnes autrefois « la soupe » était le seul dîner. On s'en contente tout à fait.

150 g de riz rond,
5 laitues,
1 tranche de jarret de veau,
3 jaunes d'œufs,
50 g de beurre,
50 cl de crème liquide,
1 oignon,
croûtons dorés au beurre,
sel, sucre, poivre.

Lavez les salades en supprimant les feuilles extérieures ou abîmées, coupez-les grossièrement avec un grand couteau.

Faites-les revenir dans une cocotte avec le beurre,

salez, poivrez, saupoudrez de sucre (une cuillerée à café). Couvrez et laissez étuver dix minutes à petit feu.

Ajoutez le jarret de veau, l'oignon haché, mouillez avec un litre et demi d'eau. Portez à ébullition puis couvrez et laissez cuire une demi-heure à feu doux.

Versez alors le riz et laissez cuire encore une demi-heure.

Retirez la viande, passez le potage au mixer, ajoutez la crème et les jaunes d'œufs battus ensemble. Remettez à chauffer sans bouillir.

Versez sur les croûtons dans la soupière, ou si vous les préférez croquants, comme moi, servez-les à part dans chaque assiette.

Donnez la viande au chat, qu'il se régale lui aussi.

Soupe de riz à l'oseille

150 g de riz rond,
300 g d'oseille,
300 g de blettes,
2 pommes de terre,
2 poireaux,
1,5 l de bouillon,
25 g de beurre,
1 dl de crème,
sel, poivre.

Lavez les feuilles d'oseille et de blettes. Hachez-les ainsi que le blanc des poireaux bien lavés.

Mettez à revenir les poireaux dans votre cocotte avec le beurre. Après quelques minutes ajoutez l'oseille et les blettes. Laissez mijoter dix minutes et mouillez avec le bouillon chaud. Ajoutez les pommes de terre pelées et coupées en quartiers, salez, poivrez et laissez cuire à feu moyen avec un couvercle pendant vingt minutes.

Passez ce bouillon au mixer, remettez-le dans la cocotte, portez à ébullition et versez alors le riz.

Laissez cuire à petit feu (quinze minutes devraient suffire). Ajoutez la crème et servez.

Veau Prokofieff au riz brun

250 g de riz brun long,
1 kg de rôti de veau pas trop maigre,
3 oranges,
2 oignons,
2 cuillerées d'huile d'olive,
1 verre de vin blanc,
1 tasse de bouillon,
2 cuillerées de cognac,
2 carottes,
sel, poivre.

Dans votre bon faitout qui n'attache pas, faites revenir les oignons hachés avec la viande coupée en morceaux et l'huile d'olive.

Flambez avec le cognac, mouillez avec le vin, puis le bouillon chaud. Salez, poivrez.

Ajoutez les carottes grattées et coupées en rondelles fines. Laissez mijoter une heure à feu doux. Versez le jus des oranges et laissez cuire encore dix minutes.

Pendant ce temps vous aurez fait cuire le riz dans une grande casserole d'eau bouillante salée.

Servez le veau dans un grand plat rond entouré du riz.

Décorez avec quelques fines tranches d'orange.

On peut mettre un peu de beurre dans le riz, mais ce n'est pas indispensable : le parfum du riz brun se suffit à lui-même.

RIZ D'ÉTÉ

Tomates farcies au riz

12 belles tomates rondes,
mûres et égales,
200 g de riz long,
6 cuillerées d'huile d'olive,
1 bouquet de persil et de basilic,
1 gousse d'ail,
3 pommes de terre (facultatif),
origan,
sel, sucre, poivre.

Lavez les tomates, coupez-leur un chapeau horizontalement en laissant la partie du pied en dessous. Videz la chair des tomates avec une petite cuiller et conservez-la dans un saladier. Salez, poivrez, sucrez (une pincée) chaque tomate, et versez-y une goutte d'huile d'olive.

Mettez le riz cru dans un saladier avec l'intérieur des tomates, le persil et le basilic hachés (dix brins de chaque). Écrasez la gousse d'ail avec le pouce et mettez-la dans le saladier pour parfumer le riz, ensuite vous l'enlèverez. Ajoutez une pincée d'origan (si vous le digérez), deux cuillerées d'huile d'olive. Mélangez bien, puis farcissez les tomates avec ce riz, sans trop presser.

Pelez les pommes de terre, coupez-les en tranches et tapissez-en le fond d'un plat à four (le bon vieux Pyrex va très bien) que vous aurez huilé au pinceau. Disposez les tomates dessus, versez le reste d'huile sur toutes les tomates et couvrez chacune de son chapeau. Mettez à four moyen (170 °C) pendant quarante-cinq minutes. Si vous n'avez pas de pommes de terre, mettez un peu d'eau au fond du plat.

Ces tomates se mangent chaudes ou froides, et le lendemain elles sont encore meilleures.

Poivrons verts farcis

Il y a plusieurs recettes de poivrons farcis. Je vous en donne deux : celle-ci est la recette noble. La suivante est plus populaire. Mais les deux sont fameuses.

3 beaux poivrons verts charnus,
250 g de riz long,
1 bouquet de persil plat,
1 gousse d'ail,
3 cuillerées d'huile d'olive,
30 g de beurre,
2 anchois au sel,
chapelure,
sel, poivre.

Coupez soigneusement les poivrons en deux dans le sens de la longueur, enlevez les queues, les pépins et les membranes blanches, et plongez-les deux minutes dans une casserole d'eau bouillante. Sortez-les, égouttez-les bien et pelez-les (la peau devrait s'en aller toute seule, mais faites bien attention de ne pas déchirer les poivrons).

Pendant ce temps-là vous aurez fait bouillir le riz dix minutes (la moitié du temps de cuisson indiqué sur le paquet). Égouttez-le, mettez-le dans un saladier, salez et poivrez. Hachez le persil finement et mélangez-le au riz. Remplissez les demi-poivrons avec ce riz.

Dans une petite poêle à part, faites revenir avec le beurre l'ail et les anchois rincés et nettoyés. Allongez avec un peu d'eau, laissez cuire quelques minutes puis passez au mixer avec quelques gouttes d'huile d'olive.

Versez une cuillerée de ce condiment sur chaque poivron. Saupoudrez avec de la chapelure. Disposez les poivrons farcis dans un plat à four beurré où ils seront bien l'un contre l'autre, mettez-les au four assez chaud (180 °C) pendant une demi-heure.

C'est aussi bon chaud que froid.

Poivrons farcis

6 beaux poivrons de toutes les couleurs,
250 g de riz long,
3 gousses d'ail,
200 g de steak haché (facultatif),
1 oignon,
1 citron,
3 cuillerées d'huile d'olive,
30 g de beurre,
cumin, sel, poivre.

Faites bouillir le riz dix minutes dans une grande casserole d'eau bouillante salée.

Faites revenir l'oignon haché et la viande dans une poêle avec l'huile d'olive.

Coupez le pédoncule des poivrons et découpez un chapeau dans la partie large du poivron, autour du pédoncule. Nettoyez les poivrons à l'intérieur et à l'extérieur en les passant sous l'eau.

Mettez le riz dans la poêle avec l'oignon et la viande, laissez-le s'imprégner un peu puis retirez-le du feu et laissez-le refroidir. Salez, poivrez, beurrez et parfumez au cumin.

Farcissez chaque poivron avec ce mélange, sans trop les tasser. Fermez avec le chapeau.

Disposez-les dans un plat à four huilé, versez le jus de citron et un peu d'eau au fond du plat et mettez à four moyen quarante minutes.

On peut servir ces poivrons chauds avec une sauce tomate (page 32, sauce tomate nº 3) ou froids avec des tomates pelées et concassées simplement assaisonnées à l'huile d'olive (jamais de vinaigre sur les tomates, s'il vous plaît !).

Cette recette peut être faite sans viande, dans ce cas ajoutez un oignon et deux tomates pelées que vous mélangerez à la place.

Variante : Faites revenir une carotte râpée avec les oignons et ne mettez pas de tomates.

Courgettes farcies

Il existe une infinité d'espèces de courgettes : des longues, des courtes, des foncées, des claires, des blanches, des jaunes, des rondes. Ces dernières sont plus faciles à farcir, on les trouve habituellement sur les marchés du Midi. En tout cas ne les prenez jamais trop grandes, elles risquent d'être pleines d'eau et d'avoir un goût de courge. Grattez-les seulement. Ne les pelez jamais, encore moins pour cette recette.

100 g de riz long,
12 courgettes,
300 g de veau haché (ou de mouton),
2 oignons,
2 gousses d'ail,
2 œufs,
4 cuillerées d'huile d'olive,
persil, basilic,
50 g de parmesan fraîchement râpé,
sel, poivre.

Grattez légèrement les courgettes sous l'eau, coupez les pédoncules et fendez-les en deux dans le sens de la longueur (si elles sont rondes, coupez-les horizontalement). Creusez l'intérieur des courgettes et conservez la chair. Pour ce travail délicat j'utilise mon couteau à pamplemousse. Salez et poivrez les demi-courgettes vidées.

Hachez les oignons, l'ail, le persil et la chair des courgettes. Faites revenir le tout dans l'huile d'olive avec la viande. Cuisez une quinzaine de minutes à feu moyen en tournant fréquemment.

Faites cuire le riz dans une casserole d'eau bouillante salée huit à dix minutes (la moitié du temps de cuisson indiqué sur le paquet).

Dans un saladier mélangez le riz bien égoutté, la viande, la chair des courgettes et les oignons revenus, le basilic haché, les deux œufs battus et le parmesan. Salez, poivrez, malaxez bien.

Remplissez les courgettes avec cette farce (attention, pas trop, le riz et l'œuf vont gonfler) et mettez-les à four chaud (190 °C) pendant vingt-cinq minutes avec un peu d'eau dans le fond du plat.

On peut servir chaud, avec une sauce tomate piquante (page 32, sauce tomate n° 4), ou froid.

Courgettes farcies au riz et aux champignons

12 courgettes rondes,
200 g de riz long,
150 g de champignons de Paris,
1 bel oignon,
150 g de viande de bœuf haché (facultatif),
4 cuillerées d'huile d'olive,
50 g de beurre,
1/2 botte de persil,
sel, poivre.

Préparez les courgettes comme à la recette précédente.

Hachez l'oignon, le persil et la chair des courgettes, et faites-les revenir dans une poêle avec deux cuillerées d'huile. Ajoutez la viande, si vous le souhaitez, mais c'est facultatif. Salez, poivrez.

Faites bouillir le riz dix minutes dans une grande casserole d'eau bouillante, égouttez-le. Pendant ce temps vous aurez fait revenir les champignons nettoyés et hachés dans une petite poêle avec le beurre.

Farcissez ainsi vos courgettes : dans le fond une couche de riz, par-dessus une couche de viande avec les oignons. Finissez par une couche de champignons.

Saupoudrez chaque courgette d'un peu de persil haché que vous aurez conservé, mettez une goutte d'huile et passez à four moyen (180 °C) pendant trente minutes en n'oubliant pas de mouiller le fond de votre plat à four avec un peu d'eau.

Aubergines farcies

6 aubergines,
100 g de riz long,
125 g de jambon cuit (facultatif),
2 oignons,
2 gousses d'ail,
1 œuf,
persil, basilic,
100 g de parmesan râpé,
3 cuillerées d'huile d'olive,
50 g de chapelure,
sel, poivre.

Lavez les aubergines sans les éplucher. Coupez-les dans le sens de la longueur, disposez-les dans un plat à four et faites-les cuire à four moyen une dizaine de minutes.

Faites revenir l'oignon et l'ail hachés dans une petite poêle avec la moitié de l'huile d'olive.

Faites bouillir le riz quinze minutes dans une casserole d'eau bouillante salée.

Évidez les aubergines en laissant suffisamment de chair tout autour.

Dans un saladier mélangez le riz, la chair des aubergines hachée, les oignons, le persil et le basilic hachés, le jambon haché (facultatif), la moitié du fromage râpé et l'œuf. Salez, poivrez, mettez une goutte d'huile. Pour que cette farce soit bien homogène, je lui donne un coup de mixer. Mais pas trop fort, attention, il ne faut pas réduire le riz en purée.

Remplissez les aubergines avec cette préparation, saupoudrez-les de chapelure et du reste de fromage. Arrosez avec le reste d'huile et mettez à four chaud vingt minutes. La peau des aubergines devient croquante, elle peut se manger.

Courgettes, poivrons, tomates, aubergines farcis à l'orientale

La farce et le mode de cuisson sont les mêmes pour les quatre légumes. Vous pouvez donc les cuisiner ensemble, si vous voulez faire un assortiment, ou n'en choisir qu'un. Les proportions de farce restent inchangées. Ma recette est pour six personnes, comme d'habitude.

3 courgettes, 3 tomates,
3 poivrons, 3 aubergines,
150 g de riz long,
200 g de viande hachée,
2 gousses d'ail,
1 citron,
2 cuillerées de concentré de tomate,
2 cuillerées de menthe séchée,
20 g de beurre,
1 oignon,
1 pincée de cumin,
sel, sucre, poivre.

Préparez les courgettes comme page 118, les poivrons comme page 117, les tomates comme page 115, et coupez les aubergines crues dans le sens de la longueur. Videz chaque demi-aubergine et conservez la chair.

Tapissez le fond de votre marmite de la chair des courgettes, des tomates et des aubergines hachées, salez, sucrez, poivrez.

Faites revenir l'oignon dans le beurre. Quand il est transparent mélangez-le avec tous les autres ingrédients de la farce : le riz cru, la viande hachée crue, le cumin, du sel et du poivre.

Remplissez les légumes avec cette farce, sans tasser. Disposez-les au fond de la marmite sur le lit de chair des légumes et versez de l'eau (dans laquelle vous aurez dilué le concentré de tomate). Seuls les chapeaux dépassent. Portez à ébullition et laissez cuire à feu doux quarante-cinq minutes environ.

Cinq minutes avant la fin de la cuisson ajoutez dans la sauce la menthe sèche, l'ail écrasé et le jus du citron. Sortez délicatement de la marmite les légumes farcis et si nécessaire laissez réduire encore le jus.

Servez tiède ou froid, nappé de sauce.

On peut supprimer la viande et la remplacer par des noix ou des pignons grillés.

C'est léger (il n'y a pratiquement pas de corps gras) et parfumé.

Riz sicilien aux aubergines

400 g de riz long,
3 aubergines,
100 g de gruyère râpé,
coulis de tomate (page 30),
50 g de beurre,
persil, basilic,
sel, poivre.

Faites bouillir le riz dix minutes dans une casserole d'eau bouillante salée.

Pendant ce temps préparez la sauce tomate et faites frire les aubergines coupées en rondelles dans l'huile chaude. J'ai l'habitude de les frire directement, sans les faire dégorger au sel auparavant, car les aubergines ne sont plus amères comme autrefois, surtout si vous les choisissez petites et bien fermes. Mais on peut utiliser la méthode classique. Dans ce cas je conseille de fariner très légèrement les rondelles d'aubergines avant de les frire.

Mélangez le riz égoutté et refroidi avec le fromage. Dans un plat à four à bord haut beurré, mettez une couche de sauce tomate, puis une couche de riz, puis une couche d'aubergines frites et bien égouttées (elles doivent être dorées mais pas brûlées), parsemez de persil et de basilic hachés, salez, poivrez et ainsi de suite. Finissez par les aubergines, saupoudrez d'un peu de fromage que vous aurez conservé et mettez à four chaud (200 °C) pendant vingt minutes. Servez chaud.

C'est une spécialité de Palerme.

Riz hawaïen
(poulet, banane, ananas)

500 g de riz long,
500 g de chair de poulet,
4 cuillerées d'huile d'arachide,
2 bananes,
4 tranches d'ananas,
30 g de beurre,
50 g de noix de coco râpée,
1 oignon,
1 citron,
1 tasse de bouillon de poule (page 28),
1 cuillerée de concentré de tomate,
1 cuillerée de confiture d'abricots,
1 cuillerée à café de curry,
sel, poivre de Cayenne.

Faites revenir l'oignon haché dans la moitié de l'huile. Quand il est blond ajoutez le curry, puis la moitié de la noix de coco râpée. Mouillez avec le bouillon de poule chaud, puis ajoutez le jus du citron, le concentré de tomate et la confiture d'abricots. Tournez bien et laissez cuire à feu doux pendant dix minutes.

Dans une poêle faites revenir la viande de poulet coupée en petits morceaux sans os, salez, poivrez. Ça cuit très vite, dix minutes devraient suffire. Réservez au chaud.

Coupez les bananes en tronçons de deux centimètres, roulez-les dans le reste de noix de coco et faites-les sauter au beurre avec les tranches d'ananas coupées en huit. Réservez au chaud.

Faites cuire le riz à la créole dans une grande casserole d'eau bouillante salée, égouttez-le « al dente » et versez-le dans un moule à savarin. Pressez. Démoulez-le sur un plat de service rond chaud.

Mélangez la viande, la sauce chaude et les fruits sautés et versez le tout au centre de la couronne de riz. Servez aussitôt.

Paella valenciana

La « paella » est le grand poêlon en métal noir à deux anses dans lequel on cuisine et on sert ce plat traditionnel de Valence. À l'origine plat de pêcheurs, fait avec ce qu'on avait, il est devenu un plat de fête servi dans les plus grands repas. J'ai mangé une paella lors d'un grand dîner à l'ambassade d'Espagne à Paris. Je m'attendais à une révélation, mais non, c'était la même paella inconfortable et lourdingue de mon ancienne excellente cuisinière espagnole, qui était de Valence. C'est sa recette que je vous communique, recette de famille dont elle était très jalouse. Plat unique par excellence, il est le plus long à réaliser de mon livre, car chaque ingrédient se prépare séparément. Bon courage !

500 g de riz long,
600 g de poulet désossé
(filets et cuisses),
250 g de porc maigre ou lapin,
150 g de chorizo piquant,
300 g de crevettes décortiquées,
1 kg de moules
(ou 1 l, selon les poissonniers),
6 langoustines (une par personne),
2 poivrons, un rouge, un jaune,
250 g de petits pois extra-fins
(ou surgelés),
2 gousses d'ail,
1 oignon, 1 courgette,
4 tomates ou 250 g de tomates pelées,
1 verre d'huile d'olive,
150 g de haricots verts les plus fins,
1 verre de vin blanc,
1 l de bouillon de poule (page 28),
10 brins de persil,
1 dose de safran, sel, sucre, poivre,
en option : cœurs d'artichauts, calamars, clams, poissons divers (dorade, lotte) et même langouste. On peut d'ailleurs faire une paella de seuls poissons, ou de seules viandes. Dans ce cas on ajoute des brochettes d'agneau ou des boulettes de mouton.

Nettoyez les moules et mettez-les dans une casserole avec une gousse d'ail, le persil haché et le vin blanc. Quand elles s'ouvrent décortiquez-les et placez-les dans une terrine que vous remplirez de tous les ingrédients au fur et à mesure qu'ils seront préparés. Laissez quelques moules dans leur coquille pour décorer le plat à la fin. Jetez les autres coquilles mais gardez l'eau de cuisson que vous filtrerez si c'est nécessaire.

Versez les trois quarts de l'huile dans une grande poêle et faites revenir le poulet découpé en petits morceaux (les cuisses d'abord, les blancs ensuite). Quand c'est cuit, mettez-les dans la terrine.

Dans la même poêle et la même huile, faites revenir les morceaux de porc ou de lapin. Égouttez-les bien et mettez-les dans la terrine.

Idem avec le chorizo coupé en morceaux, puis les crevettes (une petite minute) et les langoustines, que vous réserverez, pour les poser sur la paella finie.

Toujours dans la même poêle faites revenir l'oignon et la deuxième gousse d'ail hachés, puis les poivrons coupés en filaments, les courgettes coupées en larges rondelles, les haricots verts pochés dans l'eau bouillante, qu'ils soient surgelés ou frais, et les tomates pelées et épépinées. Salez, poivrez, n'oubliez pas le morceau de sucre. Laissez mijoter une dizaine de minutes, en ajoutant un peu d'eau chaude si nécessaire, jusqu'à ce que les légumes soient presque cuits. Versez le tout dans la terrine.

Au tour du riz. Faites-le revenir dans votre « paella » (ou bien une ou deux sauteuses de votre batterie habituelle) avec le reste d'huile. Laissez-le dorer un peu puis mouillez-le avec le jus de cuisson des moules, puis une tasse de bouillon de poule dans lequel vous aurez dilué le safran. Versez maintenant tous les ingrédients que vous avez réservés dans la terrine, tournez délicatement, salez, poivrez et continuez à mouiller le riz avec le bouillon, jusqu'à sa cuisson complète. Il doit rester assez sec. Sortez-le du feu, laissez-le reposer quelques minutes, puis décorez-le avec les langoustines et les moules entières et servez. Bon appétit !

Riz au yaourt
(recette orientale)

Voici une recette pas banale, que je vous conseille d'essayer un jour. On me l'a servie en Turquie, mais j'ai vu depuis que les restaurants diététiques s'en étaient emparés. Bien sûr ! c'est absolument maigre. En été, je préfère cette recette aux innombrables « salades de riz », dont, franchement, je ne raffole pas.

500 g de riz long ou intégral,
3 yaourts entiers,
1 citron,
1 petite touffe de persil,
sel, poivre.

Faites bouillir le riz dans une grande casserole d'eau bouillante salée (vérifiez le temps de cuisson sur le paquet, surtout si c'est du riz complet).

Pendant ce temps hachez le persil.

Quand le riz est cuit assaisonnez-le avec les yaourts battus, le jus du citron et le persil. Salez, poivrez et mangez tiède ou froid.

Soupe grecque au riz, à l'œuf et au citron

300 g de riz mi-long,
2 l de bouillon de poule (page 28),
3 œufs,
1 citron,
sel, poivre.

Faites bouillir le bouillon et mettez-y le riz. Retirez-le du feu quand il est « al dente ».

Battez les œufs entiers dans une terrine, ajoutez le jus du citron, mélangez bien, allongez avec une louche de bouillon en évitant de faire « prendre » les œufs.

Versez dans le bouillon qui contient le riz, chauffez sans bouillir, salez, poivrez et servez aussitôt.

C'est frais et délicieux pour un souper léger.

Feuilles de vigne farcies

Les feuilles de vigne sont introuvables sur nos marchés, bien qu'il s'agisse effectivement de simples feuilles de la vigne, choisies en Grèce et au Moyen-Orient pour leur taille, leur régularité et leur fraîcheur. Je ne vous conseille pas de faire votre cueillette dans un vignoble, les sulfates et les anticryptogamiques ne sont pas recommandés en cuisine... Achetez-les donc en bocaux, comme font d'ailleurs la plupart des Orientaux en France ou ailleurs.

On trouve aussi des feuilles de vigne farcies en boîte. Vous verrez la différence avec celles que vous ferez vous-même.

500 g de feuilles de vigne,
200 g de riz long,
200 g de viande hachée
(bœuf ou mouton) ou 150 g de
cerneaux de noix,
1 bouquet de persil plat,
10 feuilles de menthe fraîche,
1 oignon, 1 gousse d'ail,
1 carotte,
2 citrons,
1/2 verre d'huile d'olive,
cannelle, sel, poivre.

Hachez finement les herbes, l'oignon et râpez la carotte. Mélangez le tout avec le riz, la viande hachée, une pincée de cannelle, du sel et du poivre. Dans la version végétarienne, remplacez la viande par les noix décortiquées et hachées.

Étalez les feuilles de vigne sur votre planche à pâtisserie, côté brillant en dessous. Déposez une cuillerée de farce sur chaque feuille. Rabattez les deux côtés de la feuille de vigne puis roulez-la comme un cigare.

Tapissez le fond de la marmite de feuilles entières, puis disposez plusieurs couches de feuilles farcies. Couvrez d'eau et portez à ébullition. Mettez alors l'huile d'olive et laissez mijoter à feu doux cinquante minutes.

Dix minutes avant la fin de la cuisson, ajoutez le jus des citrons et les gousses d'ail pelées que vous enlèverez ensuite. Servez froid.

Pilaf au chiche-kebab
(agneau, poulet mariné, boulettes de viande hachée)

Au Moyen-Orient, les chiches-kebabs se mangent sans garniture. Nous avons l'habitude de les servir avec du riz. Plutôt qu'un riz blanc tout bête, je préfère le pilaf. Dans les Balkans il est servi avec toutes les viandes et les poissons. Si vous êtes invité il est de bon ton de ne pas reprendre de riz. Ce serait une offense pour votre hôte : cela signifierait que vous avez encore faim.

Le riz pilaf

350 g de riz long,
1 ou 2 oignons, selon la taille,
4 cuillerées d'huile ou 80 g de beurre (selon votre goût),
sel, poivre.

Dans votre cocotte faites revenir les oignons hachés fin avec l'huile ou le beurre. Ajoutez le riz et laissez-le dorer un peu. Les grains s'imprègnent de gras et deviennent translucides.

Versez d'un coup l'eau bouillante (deux volumes d'eau pour un volume de riz). Couvrez et faites cuire à feu doux sans remuer jusqu'à ce que toute l'eau soit absorbée. Le temps de cuisson varie un peu selon les qualités de riz, mais en moyenne il faut dix-huit minutes.

Les chiches-kebabs

1. Les brochettes d'agneau

1 kg de brochettes d'agneau
dans l'épaule ou le gigot,
12 petits oignons,
8 tomates cerises.

Si ce n'est pas fait par votre boucher, découpez la viande en cubes égaux. Salez, poivrez. Pelez les oignons, enfilez les morceaux de viande sur douze piques à brochette, en alternant avec les oignons et les tomates.

Faites griller une dizaine de minutes au barbecue ou sous le grill du four. Servez chaud.

2. Le poulet mariné

6 blancs de poulet,
6 petits oignons,
1 beau poivron vert,
3 gousses d'ail,
1 cuillerée de sumac en poudre
ou jus de 2 citrons,
1 cuillerée à café de thym en poudre,
1 cuillerée à café de cumin en poudre,
1/2 verre d'huile d'arachide.

Coupez les blancs de poulet en gros cubes. Faites une marinade avec l'huile, le sel, les épices et l'ail haché dans un grand plat (arabe si vous avez). Ajoutez les morceaux de poulet et laissez mariner quelques heures (si vous ne trouvez pas de sumac pressez deux citrons).

Enfilez les morceaux de poulet sur six ou douze

piques à brochette en intercalant les petits oignons épluchés et des morceaux de poivron.

Faites griller une dizaine de minutes au barbecue ou sous le grill du four.

3. Les brochettes de viande hachée (kefta)

800 g de steak haché,
2 oignons,
1 bouquet de persil,
1 bouquet de menthe,
1 cuillerée à café de sumac,
sel, poivre.

Hachez très finement la viande au mixer. Au petit mixer, hachez également finement les oignons et le persil. Mélangez avec la viande. Salez, poivrez.

Formez six boulettes et enfilez-les sur six piques à brochette en modelant chaque boulette et en l'allongeant en forme de saucisse.

Faites griller au barbecue ou sous le grill du four une dizaine de minutes. Saupoudrez les keftas chaudes de sumac et servez-les couchées sur un lit de menthe et de persil.

Riz et vermicelles du Pacha David
(boulettes de mouton)

C'est un plat des montagnes de l'Anatolie. On ne mange ces plats-là que chez les gens. L'hospitalité des régions pauvres du Moyen-Orient est légendaire.

800 g de viande de mouton maigre,
300 g de riz long,
500 g de petits oignons,
150 g de vermicelles longs,
150 g de beurre,
2 citrons,
40 g de pignons,
1 bouquet de persil,
1 cuillerée de farine,
sel, poivre.

Hachez la viande au mixer. Hachez le persil et mélangez-le à la viande avec du sel et du poivre.

Faites des boulettes grandes comme des balles de ping-pong en enfermant quelques pignons à l'intérieur de chaque boulette.

Faites-les dorer dans une poêle avec les oignons hachés et la moitié du beurre, saupoudrez-les de farine et cuisez-les cinq minutes.

Mettez-les ensuite dans une cocotte et couvrez-les d'un litre d'eau chaude. Salez, poivrez. Faites bouillir, puis ajoutez le jus des citrons. Laissez encore mijoter quelques minutes.

On peut terminer la cuisson des boulettes dans une sauce tomate à la place de l'eau.

La cuisson du riz est assez particulière : laissez-le tremper une heure dans l'eau chaude.

Faites chauffer le reste de beurre dans une cocotte et faites-y brunir les vermicelles que vous aurez brisés.

Ajoutez le riz bien égoutté et remuez. Couvrez d'eau bouillante, salez, mettez le couvercle et laissez cuire vingt minutes à feu doux. Ajoutez un peu d'eau si c'est utile. Servez avec les boulettes.

Asseyez-vous en tailleur autour d'une table basse pour déguster ce plat en buvant du thé à la menthe.

Petites omelettes au riz et aux courgettes

Je fais ça en été, pour les pique-niques ou les voyages, mais je vous assure qu'on peut tranquillement servir ces omelettes à un dîner, accompagnées d'une belle salade mélangée.

150 g de riz mi-long,
8 œufs,
3 petites courgettes,
2 oignons,
2 gousses d'ail,
1 cuillerée de farine,
1 verre d'huile d'olive
(ou autre, si vous préférez),
sel, poivre.

Râpez les courgettes avec la râpe à gros trous. Hachez les oignons et pressez l'ail, faites revenir le tout dans une poêle avec un peu d'huile.

Faites bouillir le riz « al dente » dans une casserole d'eau bouillante salée, égouttez-le bien.

Battez les œufs avec la farine dans une grande jatte. Salez, poivrez. Ajoutez le riz et les légumes dorés.

Si vous avez des petites poêles à blinis, c'est formidable, faites des omelettes individuelles. Sinon faites une omelette unique que vous découperez en quartiers. Ne soyez pas avare d'huile, plus on en met dans la friture, moins il en reste dans les omelettes. Retournez vos petites omelettes avec une spatule dans la poêle à blinis ; si vous faites une grande omelette, utilisez un plat rond ou un couvercle plat de la taille de votre grande poêle qui n'attache pas, glissez l'omelette dessus et retournez-la sur la poêle posée comme un couvercle. C'est un coup de main très facile.

On peut, à table, décorer le plat de feuilles de menthe fraîche. Aux pique-niques, je donne des feuilles de salade lavées pour tenir les omelettes (sans se graisser les doigts) et les manger en même temps.

Risotto aux cuisses de grenouille

Il y a deux façons de préparer ce risotto : une recette « blanche », sans tomate, et une recette « rouge », avec tomate. Je vous les livre toutes les deux. Ma préférence va à la première.

Recette blanche

500 g de riz long à risotto,
500 g de cuisses de grenouille
(les surgelées sont correctes),
80 g de beurre,
1 bouquet de persil,
1 l de bouillon de bœuf (page 28),
1 oignon, 2 côtes de céleri,
2 cuillerées d'huile d'olive,
sel, poivre.

Hachez l'oignon et le céleri. Faites-les revenir dans le fond de votre cocotte avec la moitié du beurre et l'huile d'olive mélangés. Quand l'oignon sera blond ajoutez les cuisses de grenouille nettoyées et faites-les revenir cinq minutes.

Versez alors le bouillon chaud et quand il bout, le riz. Tournez bien, baissez le feu au maximum, salez, poivrez, couvrez et laissez cuire doucement en remuant fréquemment.

Goûtez pour juger de la cuisson, et incorporez le persil haché finement ainsi que le reste de beurre. Ce riz ne doit pas être trop liquide ni trop sec. Le parmesan n'est pas conseillé, mais que les irréductibles fassent ce qu'ils veulent.

Recette rouge

300 g de riz long à risotto,
500 g de cuisses de grenouille (12 au moins),
2 cuillerées de concentré de tomate ou 2 louches de coulis de tomate (page 30),
1 verre de vin blanc,
3/4 de l de bouillon de légume,
1 cuillerée de farine,
1 oignon, 1 gousse d'ail,
80 g de beurre et 2 cuillerées d'huile d'olive,
10 brins de persil,
sel, poivre noir.

Faites revenir l'ail et les cuisses de grenouille dans une sauteuse avec l'huile d'olive. Laissez-les dorer cinq minutes.

Saupoudrez d'une cuillerée de farine, salez et mouillez avec la moitié du vin blanc. Tournez et laissez évaporer le vin.

Versez une louche de bouillon chaud dans lequel vous aurez dilué le concentré de tomate ou la sauce déjà prête. Faites mijoter quelques minutes à feu très doux. Enfin mettez le persil haché et poivrez.

Pendant ce temps vous aurez fait revenir l'oignon haché dans votre cocotte avec la moitié du beurre. Quand il est transparent, faites dorer le riz quelques minutes, puis mouillez-le avec le reste de vin blanc.

Laissez-le s'évaporer puis versez le bouillon chaud et faites cuire à feu doux sans remuer.

Presque à la fin de la cuisson, incorporez les cuisses de grenouille avec leur sauce et le restant de beurre. Tournez bien et servez chaud.

Même observation que la recette précédente en ce qui concerne le parmesan.

Risotto aux écrevisses, cuisses de grenouille et filets de sole

500 g de riz long
(par exemple, Arborio ou Carnaroli),
500 g d'écrevisses,
6 cuisses de grenouille
(les indonésiennes surgelées
sont bien dodues),
6 filets de sole,
300 g de petits pois extra-fins
(surgelés),
2 tomates, 1 carotte,
2 poireaux, 1 oignon,
1 côte de céleri,
1 verre de vin blanc,
100 g de champignons de Paris,
100 g de beurre,
2 cuillerées d'huile d'olive,
sel, poivre noir.

Faites revenir dans une sauteuse les poireaux, la carotte et le céleri hachés avec l'huile et 20 g de beurre. Laissez dorer quelques minutes puis ajoutez les cuisses de grenouille nettoyées, laissez-les prendre couleur, salez et mouillez-les avec un demi-verre de vin blanc. Quand le vin s'est évaporé retirez du feu et gardez à part.

Faites bouillir les écrevisses dans un litre et demi d'eau salée. Égouttez-les, décortiquez les queues et mettez leur chair avec les cuisses de grenouille. Pressez les carapaces et versez leur jus dans la sauce des cuisses de grenouille.

Hachez l'oignon et faites-le revenir dans votre cocotte avec 30 g de beurre. Faites dorer le riz, puis mouillez-le avec une louche d'eau de cuisson des écrevisses. Cuisez doucement le riz en ajoutant du bouillon d'écrevisses peu à peu, jusqu'à ce qu'il soit « al dente ».

Pendant ce temps vous aurez fait revenir dans une grande sauteuse les filets de sole avec le reste de beurre. Lorsqu'ils sont dorés ajoutez les tomates pelées, épépinées et coupées en filets, les champignons nettoyés et émincés et les petits pois. Mouillez avec le vin blanc qui reste.

Couvrez et laissez mijoter dix minutes. Puis ajoutez les cuisses de grenouille et les écrevisses avec leur jus. Tournez délicatement et incorporez cette préparation au riz.

Pour plus d'élégance, sortez les filets de sole de la sauteuse avant et déposez-les en décoration sur le risotto.

Poêlée de riz à l'indienne
(émincé de filet de porc mariné et crevettes)

250 g de riz brun,
250 g de filet de porc
ou de blanc de poulet,
250 g de crevettes roses,
6 gambas,
2 oignons, 2 gousses d'ail,
1 cuillerée à café de gingembre,
1 cuillerée à café de curry,
1 piment rouge (peperoncino),
50 g de pignons, 50 g de raisins secs,
sauce de soja, lait de coco,
2 citrons verts,
4 cuillerées d'huile d'olive,
sel, poivre.

Faites mariner le filet de porc coupé en fines lamelles (ou les blancs de poulet pour ceux qui ne mangent pas de porc) pendant une demi-heure dans une cuillerée d'huile d'olive, le jus des citrons et la sauce de soja (deux cuillerées).

Faites tremper les raisins secs dans un bol d'eau chaude.

Faites revenir les oignons hachés dans le fond de votre cocotte avec deux cuillerées d'huile d'olive.

Quand ils sont blonds ajoutez le riz et laissez-le prendre couleur.

Ajoutez le curry, le gingembre, l'ail écrasé, les raisins secs et le piment entier débarrassé de ses graines (ce sont de vraies petites bombes pour le foie). Tournez et mouillez avec une demi-louche de lait de coco et de l'eau, jusqu'à couvrir le riz ; posez les lamelles de porc. Salez et poivrez. Couvrez et laissez mijoter à feu doux vingt minutes.

Faites griller à part les gambas et les crevettes avec l'huile d'olive qui reste.

Faites griller les pignons sans gras dans une petite poêle qui n'attache pas.

Retirez le riz du feu quand il est « al dente », enlevez le piment, parsemez de pignons et servez sur un grand plat entouré des crevettes et des gambas.

On peut aussi décorer ce plat avec des rondelles de citron vert.

Risotto aux moules

Ici aussi deux recettes : une « blanche », une « rouge ». La première vient du nord de l'Italie l'autre du sud.

Recette blanche

400 g de riz long à risotto,
3 kg (ou l) de moules,
4 cuillerées d'huile d'olive,
1 oignon, 1 gousse d'ail,
persil plat,
1/2 l de bouillon de poisson (page 29),
sel, poivre.

Nettoyez soigneusement les moules et mettez-les dans une casserole haute à feu vif. Quand elles se sont bien ouvertes décortiquez-les et gardez l'eau qu'elles ont dégagée. Jetez les coquilles.

Faites revenir l'oignon et l'ail finement hachés dans le fond de votre cocotte avec l'huile d'olive. Quand il est blond ajoutez le riz et faites-lui prendre couleur en remuant bien.

Mouillez-le avec l'eau des moules filtrée (à travers une passoire recouverte d'un linge fin) ; en cours de cuisson ajoutez de l'eau chaude ou du bouillon de poisson.

Quand le riz est cuit « al dente » mettez les moules, le persil haché et du poivre. Vérifiez le sel, mélangez bien et servez.

Recette rouge

400 g de riz long,
2 kg (ou l) de moules,
500 g de tomates olivettes,
2 gousses d'ail,
100 g de parmesan,
4 cuillerées d'huile d'olive,
sel, sucre, poivre.

Nettoyez les moules et mettez-les sur le feu dans une grande casserole ; remuez de temps en temps pour qu'elles s'ouvrent. Quand elles sont ouvertes, décortiquez-les et filtrez l'eau qu'elles ont dégagée.

Passez les tomates pelées et coupées en morceaux dans le mixer. Faites revenir les gousses d'ail dans une casserole avec l'huile d'olive. Quand elles commencent à noircir enlevez-les et mettez la purée de tomates. Salez, poivrez, sucrez (un morceau).

Ajoutez l'eau des moules et laissez mijoter.

Pendant ce temps vous aurez mis le riz à bouillir dans une grande casserole d'eau bouillante salée. Égouttez-le à mi-cuisson (huit minutes) et versez-le dans la sauce tomate.

Continuez à cuire à feu doux, puis ajoutez les moules quelques minutes avant la fin de la cuisson.

Retirez du feu, incorporez le fromage, mélangez bien et servez.

Risotto aux langoustines

500 g de riz long,
800 g de langoustines,
100 g de beurre,
2 cuillerées d'huile d'olive,
3 échalotes,
2 gousses d'ail,
1/2 verre de vin blanc,
laurier, sel, poivre.

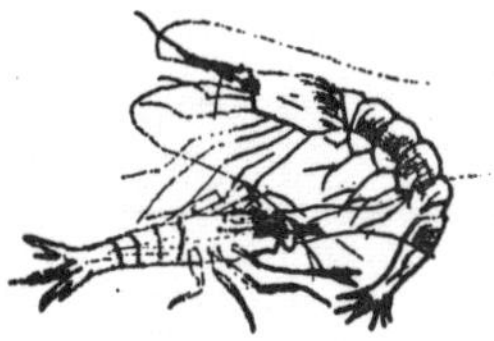

Rincez les langoustines et mettez-les à bouillir dans un litre d'eau où vous aurez mis une feuille de laurier, les gousses d'ail et du sel.

Ôtez les langoustines de la casserole après cinq minutes, sortez les queues de leur carapace, mettez-les de côté et remettez les carapaces à bouillir. Le bouillon devient légèrement rosé.

Dans votre cocotte faites revenir les échalotes hachées avec 30 g de beurre et l'huile d'olive. Dès qu'elles sont dorées ajoutez le riz que vous laisserez blondir.

Mouillez avec le vin blanc, puis quand il s'est évaporé, versez le bouillon des langoustines, louche par louche.

Cinq minutes avant la fin de la cuisson du riz incorporez les queues de langoustines et le beurre restant. Vérifiez le sel, poivrez et laissez reposer cinq minutes avant de servir.

Ce risotto doit être un peu liquide, mais pas trop. N'oubliez pas qu'il continue à épaissir dans la cocotte.

Soupe de moules, riz, persil et pommes de terre

200 g de riz rond,
1 kg (ou 1 l) de moules,
300 g de pommes de terre,
1 bouquet de persil,
1 l de bouillon de légumes (page 27),
50 g de beurre, 6 cuillerées d'huile d'olive,
1/2 verre de vin blanc,
1 oignon,
sel, poivre noir.

Mettez les moules bien nettoyées dans une casserole à feu vif et laissez-les s'ouvrir. Décortiquez-les et gardez l'eau qu'elles ont dégagée.

Pelez les pommes de terre et coupez-les en cubes que vous plongerez deux minutes dans une casserole d'eau bouillante salée. Égouttez-les et mettez-les dans une sauteuse avec les moules et l'huile d'olive à feu moyen.

Deux minutes après, ajoutez l'eau des moules filtrée. Laissez mijoter quelques minutes puis retirez du feu.

Pendant ce temps mettez l'oignon haché à revenir dans le fond de la cocotte avec 20 g de beurre, dès qu'il est blond versez le riz et faites-lui prendre couleur. Mouillez avec le vin blanc, puis, quand il s'est évaporé, avec le bouillon de légumes chaud.

Laissez cuire à feu très doux sans remuer, et quand c'est presque cuit ajoutez les moules et les pommes de terre dans leur jus, le persil haché et le beurre qui reste.

Poivrez et tournez énergiquement avant de verser dans la soupière.

C'est une soupe épaisse et délicieuse.

Risotto aux crevettes

500 g de riz long,
1 kg de crevettes roses fraîches,
2 oignons,
30 g de beurre,
1/2 verre d'huile d'olive,
1 citron,
1 cuillerée de concentré de tomate,
1 bouquet de persil plat,
2 cuillerées de farine,
sel, sucre, poivre.

Rincez et décortiquez les crevettes. Roulez-les dans la farine et faites-les frire dans l'huile d'olive. Sortez-les rapidement de la poêle (dès qu'elles sont dorées) et mettez-les de côté.

Faites revenir dans la même huile les oignons hachés, tournez bien et ajoutez une louche d'eau chaude dans laquelle vous aurez dilué le concentré de tomate. Salez, poivrez, sucrez et laissez cuire à feu très doux une quinzaine de minutes.

Ajoutez alors les crevettes, le jus du citron, mélangez et sortez du feu.

Faites bouillir un peu d'eau dans votre cocotte, versez-y le riz et laissez cuire en ajoutant de l'eau chaude au fur et à mesure, quand vous voyez que la précédente a été absorbée.

À mi-cuisson (dix minutes environ) ajoutez les crevettes et leur sauce (gardez-en quelques-unes pour la décoration du plat), mélangez bien et continuez la cuisson à feu doux.

Goûtez, salez si nécessaire et quand le riz est « al dente » incorporez le beurre et le persil haché finement. Déposez sur le risotto les crevettes que vous avez conservées et servez chaud.

Risotto à l'encre de seiche

Demandez à votre poissonnier de nettoyer les seiches en conservant les poches qui contiennent l'encre. Il faut enlever l'os du milieu et la bouche avec ses dents. Il saura mieux le faire que vous, que moi en tout cas… On mange ce merveilleux risotto à Venise et dans toutes les petites îles de la lagune. Chaque année pendant la Mostra en septembre je fais un pèlerinage obligatoire à Torcello, j'ai rendez-vous avec un « risotto nero ».

400 g de riz long
(par exemple, Vialone nano),
1,5 kg de seiches,
1 l de bouillon de poisson,
1 oignon, 2 gousses d'ail,
1/2 verre de vin blanc,
2 cuillerées de concentré de tomate,
1 bouquet de persil plat,
4 cuillerées d'huile d'olive,
sel, poivre.

Rincez les seiches en conservant soigneusement à part les fragiles petites poches d'encre. Coupez les seiches en minces bandelettes.

Faites revenir dans votre cocotte l'oignon haché

et les gousses d'ail entières avec l'huile d'olive. Quand l'ail noircit enlevez-le, et quand l'oignon est transparent mettez les seiches et le persil haché.

Faites-les bien revenir, puis mouillez avec le vin blanc et l'encre des seiches. Allongez avec un peu de bouillon de poisson. Couvrez et laissez cuire à tout petit feu une quinzaine de minutes.

Ajoutez alors le riz, mélangez bien et versez une louche de bouillon dans laquelle vous aurez dilué le concentré de tomate. Ajoutez du bouillon au fur et à mesure de la cuisson.

Vérifiez le sel, poivrez et servez « al dente ».

Riz et supions

Les supions sont d'une grande finesse. On ne les trouve pas toujours chez les poissonniers. Demandez qu'on vous prévienne quand il y en a. Leur saison s'étend d'août à septembre en Méditerranée. Il y a aussi la ressource des surgelés : les petites seiches ne sont pas mal.

400 g de riz long,
600 g de supions,
4 belles tomates mûres,
30 g de champignons secs,
1 l de bouillon de poisson (page 29),
1 bouquet de persil plat,
1 oignon, 1 carotte,
1 côte de céleri en branches,
8 cuillerées d'huile d'olive,
sel, sucre, poivre.

Mettez à tremper les champignons dans un bol d'eau tiède.

Nettoyez et hachez l'oignon, la carotte, le céleri et le persil. Coupez les supions, ou les petites seiches, nettoyés en deux ou trois selon leur taille.

Faites revenir ensemble dans l'huile d'olive l'oignon, la carotte, le céleri, les champignons lavés, égouttés et hachés, puis après quelques minutes les tomates pelées, épépinées et concassées.

Salez, sucrez, poivrez ; laissez mijoter doucement une dizaine de minutes, ajoutez les supions, couvrez et laissez cuire à feu très doux une vingtaine de minutes.

Mettez alors le riz, allongez avec une louche de bouillon de poisson chaud, et ainsi de suite jusqu'à complète cuisson du riz. Servez chaud sans fromage, accompagné d'un verre de vin blanc de Cassis.

Risotto de rascasse

400 g de riz long à risotto,
1 belle rascasse de 800 g,
3 grosses tomates mûres,
1 bouquet de persil et de basilic,
1 oignon,
1 gousse d'ail,
1 verre de vin blanc,
1 l de bouillon de légumes (page 27),
1 piment doux,
50 g de beurre,
6 cuillerées d'huile d'olive,
sel, sucre, poivre.

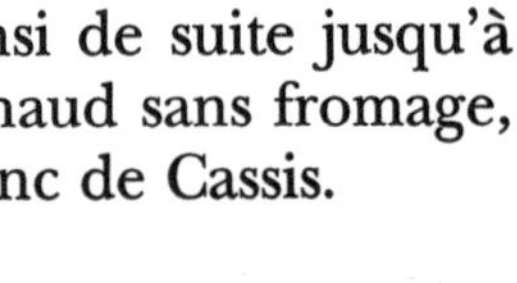

Lavez le poisson et mettez-le dans une casserole d'eau bouillante. Faites-le cuire cinq minutes puis enlevez-lui la peau et les arêtes.

Faites revenir l'ail et le piment dans une sauteuse avec quatre cuillerées d'huile d'olive. Ajoutez les morceaux de rascasse et un demi-verre de vin blanc. Laissez s'évaporer le vin puis ajoutez les tomates pelées, épépinées et coupées en morceaux. Salez, sucrez. Allongez avec deux louches de bouillon chaud, tournez, couvrez et laissez mijoter quinze minutes. Enlevez alors l'ail et le piment.

Pendant ce temps vous aurez mis à revenir l'oignon dans votre cocotte avec le restant d'huile d'olive. Quand il est transparent mettez le riz et faites dorer quelques minutes, puis mouillez-le avec le vin blanc qui reste, laissez-le s'évaporer et versez le bouillon de légumes chaud louche par louche, au fur et à mesure de la cuisson.

Presque à la fin incorporez la rascasse avec la sauce, le persil et le basilic hachés et le beurre. Tournez bien et servez « al dente ».

Riz arlequin
(poivrons rouges, verts et jaunes à la tomate)

500 g de riz long,
2 poivrons verts, 2 rouges, 2 jaunes,
4 tomates bien mûres
 (ou une boîte de 500 g
 de tomates pelées),
1/2 verre d'huile d'olive,
30 g de beurre,
1 oignon, 1 gousse d'ail,
persil et basilic,
piment (facultatif),
sel, poivre.

Nettoyez les poivrons, videz-les et pochez-les dix minutes dans une casserole d'eau bouillante. Égouttez-les et pelez-les. Coupez-les en lanières.

Faites revenir l'oignon haché et l'ail entier dans une casserole (j'aime l'acier inoxydable) avec l'huile d'olive. Dès qu'ils blondissent mettez les tomates pelées et épépinées avec un morceau de sucre.

Salez, poivrez et si vous aimez le piquant, mettez un piment rouge sans ses graines. Laissez mijoter à feu doux quinze minutes.

Ajoutez alors les poivrons, le persil et le basilic hachés. Si la sauce devient trop épaisse ajoutez un peu d'eau chaude.

Par ailleurs vous aurez fait dorer le riz dans votre cocotte avec le beurre. Tournez bien jusqu'à ce que les grains de riz deviennent translucides. Mouillez avec de l'eau chaude petit à petit (il faudra un bon litre) en tournant pour que ça n'attache pas.

Cinq minutes avant la fin de la cuisson du riz, incorporez les poivrons et la sauce. Vérifiez le sel.

Remuez bien et servez chaud décoré de quelques feuilles de basilic.

Riz végétarien de ma tante Ella

Ma tante Ella vivait en Crimée, où, disait-elle, les légumes avaient un goût incomparable (quand on en trouvait). Après les années de privations de la Sibérie et de la guerre, elle était devenue philosophe et végétarienne. J'ai eu la chance de l'avoir chez moi, à Ramatuelle, où elle était enthousiasmée par le marché. Elle m'a enseigné cette sublime recette.

300 g de riz long ou Basmati,
4 tomates bien mûres,
1 oignon, 2 gousses d'ail,
1 courgette,
1 poivron vert,
1 poivron rouge,
1 carotte,
1 aubergine,
céleri en branches,
2 pommes de terre,
persil, aneth frais,
huile de tournesol,
20 g de graines de sésame grillées,
sel, sucre, poivre.

On fait ce riz avec les légumes qu'on trouve, plus il y en a mieux c'est.

Nettoyez tous les légumes (c'est le plus embêtant) et coupez-les en morceaux.

Râpez l'oignon et la carotte. Mettez à griller les rondelles d'aubergine dans une poêle qui n'attache pas (ou au grill), sans aucun corps gras.

Dans un faitout à fond épais faites revenir l'oignon, la carotte hachés et les gousses d'ail avec un peu d'huile de tournesol (ou autre). Trois minutes après, sortez du feu et ajoutez les tomates pelées et épépinées (en puriste ma tante ne pelait pas les légumes, même les tomates, car toute la vitamine A réside sous la peau, disait-elle), mélangez.

Sur ce fond de tomate, carotte, oignon commencez à répartir dans le faitout le riz cru et les légumes, un à un, par couches successives : une couche de riz, une couche de rondelles d'aubergine grillées, une couche de riz, une couche de pommes de terre, etc. Salez, poivrez légèrement chaque étage, n'oubliez pas le morceau de sucre et finissez avec les herbes hachées. Couvrez et cuisez à tout petit feu une demiheure.

Le riz cuit avec l'eau des légumes. Si vous sentez que ça caramélise trop au fond du faitout, ajoutez un peu d'eau. Servez dans le faitout même en saupoudrant chaque assiette de sésame grillé que vous aurez passé au moulin.

C'est sain et succulent.

Riz du pêcheur
(fruits de mer)

400 g de riz long,
1 l de moules,
300 g de crevettes,
1,5 l de clams (vongole), coques, prairies ou amandes de mer,
150 g de petits pois extra-fins (surgelés),
30 g d'amandes grillées,
2 tomates bien sucrées,
20 g de beurre,
2 échalotes,
aneth frais (ou surgelé à défaut),
sel, poivre noir et rose.

Nettoyez les différents coquillages et mettez-les dans une grande casserole à feu vif pour qu'ils s'ouvrent. Décortiquez-les (sauf quelques-uns qui serviront à décorer le plat). Mettez les valves de côté et filtrez l'eau qui s'est dégagée.

Faites revenir les échalotes dans votre cocotte avec le beurre puis ajoutez le riz, tournez, laissez-le prendre couleur. Mouillez avec deux fois et demie le volume de riz (jus des coquillages plus de l'eau), portez à ébullition, couvrez et faites cuire à feu doux pendant vingt minutes.

Pendant ce temps faites bouillir les petits pois quelques minutes, décortiquez les crevettes, pelez les tomates, épépinez-les et découpez-les en petits cubes, hachez l'aneth.

Quand le riz est cuit, tournez-le avec une fourchette et ajoutez les coquillages, les petits pois, les crevettes et les amandes grillées hachées.

Versez dans un plat de service et parsemez de cubes de tomate crue et d'aneth haché.

Décorez avec quelques coquillages entiers. Mangez chaud.

Risotto au citron

400 g de riz long,
4 citrons juteux,
1 petit pot de crème,
1 l de bouillon de légumes (page 27),
1/2 verre de vin blanc,
100 g de parmesan fraîchement râpé,
50 g de beurre,
1 oignon,
sel.

Pressez deux citrons, filtrez leur jus, râpez le zeste du troisième et découpez le quatrième en fines tranches pour la décoration du plat.

Faites revenir l'oignon dans le fond de votre cocotte avec le beurre, quand il est doré, mettez le riz, salez, remuez.

Laissez-le prendre couleur puis mouillez avec le vin blanc. Quand celui-ci s'est évaporé ajoutez le bouillon de légumes chaud et laissez cuire sans tourner.

Quand le riz est presque cuit ajoutez la crème, le jus de citron, le zeste et le parmesan. Vérifiez le sel. Tournez énergiquement.

Versez sur un plat et décorez avec les rondelles de citron coupées en quatre.

C'est un plat délicat et surprenant.

Minestrone au pistou

Pour le minestrone :

200 g de riz rond,
2 courgettes,
100 g de champignons frais et 20 g de champignons secs,
150 g de haricots verts (surgelés très fins),
2 pommes de terre,
150 g de haricots frais écossés,
100 g de petits pois (facultatif),
1/4 de chou vert,
1 carotte,
1 poireau,
1 oignon,
3 tomates olivettes,
1 petite laitue,
100 g d'épinards,
2 l de bouillon de bœuf (ou tablettes),
2 cuillerées d'huile d'olive,
sel, poivre.

Pour le pistou :

1 gros bouquet de basilic,
4 gousses d'ail,
1/2 verre d'huile d'olive vierge,
100 g de parmesan fraîchement râpé,
sel, poivre.

Faites revenir au fond d'une grande casserole l'oignon et le poireau hachés avec l'huile d'olive. Laissez blondir puis ajoutez tous les autres légumes coupés en petits morceaux sauf le chou et les épinards.

Faites un petit peu revenir l'ensemble puis versez le bouillon chaud. Couvrez et laissez cuire une heure et quart.

Ajoutez alors le chou (s'il est très jeune ce n'est pas la peine de le blanchir) coupé en lamelles et les épinards. On peut ajouter des petits pois à ce moment-là, mais c'est facultatif.

Après dix minutes ajoutez le riz. Salez, poivrez. Attention, il cuit très vite.

Pendant ce temps vous aurez préparé le pistou. Mettez les feuilles de basilic, les gousses d'ail sans germe, l'huile d'olive, du sel, du poivre et le fromage dans votre mixer. Mixez jusqu'à obtenir la consistance d'une crème. Versez dans le minestrone à la dernière minute. Servez tiède.

Mettez une chanson de Tino Rossi, fermez les yeux entre chaque bouchée, vous n'êtes pas en Provence ?

Risotto de homard

C'est le roi des risottos. Un des plats préférés de Louis XIV, paraît-il. À l'époque le riz était une rareté dont on se servait pour faire des masques de beauté ou pour la cuisine « exotique » où il figurait comme une sorte d'épice recherchée.

300 g de riz long,
1 homard d'environ 1 kg,
1 l de couteaux
(coquillages allongés à la chair effilée comme un doigt),

300 g de petits pois frais écossés
(ou extra-fins surgelés),
100 g de beurre,
1 gousse d'ail, 1 gros oignon,
persil,
fumet de poisson,
court-bouillon (page 30),
1 l de bouillon de légumes (page 27),
1/2 verre de vin blanc,
5 cuillerées d'huile d'olive vierge extra,
sel, poivre noir.

Faites revenir la moitié de l'oignon haché dans une casserole avec deux cuillerées d'huile d'olive. Dès qu'il est doré ajoutez les petits pois, et un verre de fumet de poisson (ça existe en poudre).

Laissez cuire un quart d'heure puis passez à la moulinette (ou au mixer). Allongez avec un autre verre de fumet dilué, 30 g de beurre, sel et poivre.

Pendant ce temps cuisez deux minutes le homard dans une grande casserole avec du court-bouillon (déterminez-en la quantité pour que le homard soit « à la nage », c'est-à-dire à moitié recouvert de liquide).

Égouttez-le et décortiquez-le. Mettez de côté la chair que vous récolterez, y compris dans les pinces.

Lavez les couteaux, mettez-les dans une casserole à feu vif pour qu'ils s'ouvrent, décortiquez-les. Coupez le homard et les couteaux en morceaux et mettez-les dans une sauteuse avec l'ail entier, le persil haché grossièrement et l'huile qui reste. Salez, faites revenir quelques minutes et retirez du feu.

Dans une cocotte, vous aurez mis à revenir l'autre moitié de l'oignon haché avec 30 g de beurre. Quand il est blond ajoutez le riz, faites-lui prendre couleur et mouillez avec le vin. Laissez évaporer et versez le bouillon de légumes. Cuisez le riz à feu doux sans le toucher.

Quand il est presque cuit, incorporez le reste de beurre, la purée de petits pois, le homard et les couteaux après avoir ôté l'ail.

Mélangez énergiquement, saupoudrez de persil haché menu et servez chaud.

Royal.

Loup roussi au riz
(recette orientale)

400 g de riz long,
1 loup (bar) de 1,5 kg environ,
6 oignons doux,
100 g de beurre,
100 g de pignons,
4 cuillerées d'huile d'olive,
1 cuillerée de cumin,
1 cuillerée à café de cannelle,
1 tomate,
1 citron,
sel, poivre.

Laissez tremper le riz une vingtaine de minutes dans de l'eau tiède. Nettoyez soigneusement le poisson, dedans et dehors. Salez-le de toutes parts et mettez-le à roussir à l'huile dans une grande sauteuse. Mettez-le de côté.

Hachez les oignons et mettez-les à revenir dans la même sauteuse avec le beurre. Quand ils sont dorés versez un litre d'eau bouillante, le cumin et la cannelle. Salez, puis ajoutez la tomate pelée et concassée, et enfin le poisson. Faites cuire une demi-heure à petit feu.

Vers la fin de la cuisson du poisson prélevez trois louches de jus, versez-le dans une autre casserole, portez à ébullition et mettez-y à cuire le riz égoutté et déjà gonflé. Couvrez et laissez à feu doux une quinzaine de minutes. Ajoutez un petit peu d'eau si nécessaire.

Sortez prudemment le poisson de son jus en le soulevant avec deux spatules de bois, retirez les arêtes et levez les filets. Quand le riz est cuit mettez-le dans un plat, couvrez-le de pignons dorés à l'huile et disposez les morceaux de poisson par-dessus. Décorez avec des rondelles de citron et servez la sauce à part.

Riz à la tomate fraîche et aux anchois

500 g de riz long,
50 g de beurre,
3 cuillerées d'huile d'olive,
500 g de tomates bien mûres,
1 gousse d'ail,
3 anchois au sel,
1 tasse de bouillon de bœuf (page 28),
1/2 piment doux (peperoncino),
sel, sucre, poivre.

Faites dorer l'ail dans une casserole avec l'huile et le beurre. Enlevez l'ail quand il commence à noircir et mettez les tomates pelées et coupées en morceaux. N'oubliez pas le morceau de sucre. Mettez le demi-piment, couvrez et laissez mijoter une petite demi-heure. Si la sauce est trop dense ajoutez un peu de bouillon chaud.

Entre-temps faites bouillir le riz dans une grande casserole d'eau bouillante salée, égouttez-le « al dente ». Vers la fin de la cuisson ajoutez les anchois dessalés sous l'eau et hachés.

Mettez le riz dans un plat à four, versez la sauce par-dessus, poivrez et passez au four très chaud quelques minutes avant de servir.

Ne salez pas trop la sauce, les anchois s'en chargeront.

Salade de fonds d'artichauts et d'olives noires

250 g de riz long,
6 fonds d'artichauts bretons
(les surgelés ne sont pas mal),
20 olives noires,
persil, ciboulette, estragon,
6 cuillerées d'huile d'olive vierge extra,
2 cuillerées de vinaigre aromatique
de Modène,
sel, poivre.

Faites cuire le riz à la créole dans une grande casserole bouillante salée.

Dénoyautez les olives et coupez-les en quatre.

Coupez les artichauts cuits en petits morceaux. Hachez les fines herbes.

Mélangez l'huile d'olive, le vinaigre, le sel et le poivre dans le fond d'un saladier. Mettez-y le riz tiède et tous les ingrédients, tournez avec de grands couverts à salade, saupoudrez de quelques fines herbes que vous aurez conservées et servez.

Je ne suis pas une folle des salades de riz, mais celle-ci me plaît, surtout si les olives sont très bonnes. Les petites provençales sont mes préférées.

Riz alla checca
(tomate crue, mozzarella et basilic)

Voici une recette très simple qui a fait les beaux jours de ma vie en bateau, lors d'une croisière de Positano à la Grèce. C'est une recette de pâtes que j'ai adaptée au riz, avec un résultat heureux (ce qui n'est pas le cas de toutes les recettes que j'ai essayé de transférer. Le riz a ses exigences et ses règles, il n'y a rien à faire).

500 g de riz long,
4 belles tomates fermes et sucrées,
2 mozzarellas
(ou 350 g d'un pain de mozzarella),
1 bouquet de basilic, 1 gousse d'ail,
1/2 verre de la meilleure huile d'olive
vierge extra,
sel, poivre.

Faites cuire le riz à la créole (dans une grande casserole d'eau bouillante salée).

Pelez les tomates, épépinez-les et coupez-les en dés. Hachez le basilic avec des ciseaux dans un verre, versez l'huile dedans, salez, poivrez. Ajoutez la gousse d'ail entière. Hachez la mozzarella au couteau.

Quand le riz est « al dente », égouttez-le en laissant un peu d'eau de cuisson, versez dans un plat et assaisonnez avec les tomates et l'huile. Tournez bien.

Ajoutez la mozzarella en dernier, pour qu'elle ne fonde pas trop. Poivrez, enlevez l'ail et servez tiède ou froid.

Riz aux courgettes d'Albert Cossery
(recette égyptienne)

Il faudrait, pour donner à ce plat toute sa saveur, avoir les petites courgettes de la vallée du Nil et le riz égyptien… Mais l'auteur des Fainéants de la vallée fertile, *le grand écrivain égyptien Albert Cossery, fait son marché sans chagrin rue de Seine depuis trente ans. Il m'a enseigné cette recette quand je ne connaissais rien à la cuisine. Je ne l'ai jamais oubliée.*

3 verres de riz long,
6 petites courgettes bien fermes,
100 g de beurre (ou plus selon votre
taux de cholestérol),
sel, poivre.

Lavez le riz plusieurs fois, jusqu'à ce que l'eau soit claire.

Versez dans la cocotte six verres d'eau et le beurre. Quand l'eau bout et que le beurre forme une écume blanche en surface, plongez le riz et les courgettes coupées en rondelles.

Égalisez, salez, poivrez et fermez hermétiquement (je mets un torchon enroulé sous le couvercle). Baissez le feu, et laissez cuire à feu doux vingt minutes.

À la fin, découvrez et montez le feu quelques minutes. Il se formera une délicieuse croûte dans le fond.

RIZ D'AUTOMNE

Risotto aux cailles et raisins muscat

400 g de riz long à risotto,
100 g de beurre,
6 cailles,
6 tranches de bacon (facultatif),
1 oignon,
1,5 l de bouillon de veau (page 28),
80 g de parmesan râpé,
2 grappes de raisin blanc muscat,
1 verre de vin blanc moelleux (nec plus ultra : sauternes),
sel, poivre.

Achetez des cailles déjà plumées, vidées et bridées, ou demandez au chasseur de le faire (déontologie oblige). Si elles sont grasses, vous pouvez vous passer de barde, sinon je vous conseille de les enrouler d'une fine tranche de bacon retenue par une petite pique en bois.

Faites-les revenir dans une sauteuse avec la moitié du beurre.

Salez et poivrez (avec le bacon inutile de saler). Laissez cuire à feu vif une douzaine de minutes en les retournant de temps en temps.

Épluchez, épépinez et coupez en deux les grains de raisin et mettez-en la moitié autour des cailles avec la moitié du verre de vin blanc doux. Quand l'alcool s'est évaporé mouillez avec une louche de bouillon, déglacez la sauce autour des cailles pendant quelques minutes, couvrez et sortez du feu.

Pendant ce temps vous aurez aussi haché l'oignon, vous l'aurez mis à revenir dans le fond de votre cocotte avec l'autre moitié du beurre. Quand il est transparent, versez le riz, laissez-le dorer quelques instants et mouillez avec le vin qui reste. Laissez l'alcool s'évaporer puis ajoutez le bouillon chaud louche par louche au fur et à mesure de la cuisson. Salez et poivrez.

Vers la fin incorporez les raisins restants et le parmesan. Servez une caille par personne dans chaque assiette arrosée de jus sur quelques raisins.

Riz aux alouettes

La chasse aux alouettes est interdite dans presque tous les pays européens. Mais qui sait, vous irez peut-être un jour en Turquie, en Roumanie, dans le delta du Danube ou chez un bon copain chasseur en Camargue. Car en France, la chasse de ces petits animaux est autorisée, c'est la vente qui en est interdite. Ambiguïté à la française...

On peut envisager la même recette avec des bécassines, des bécasses, des sarcelles, des vanneaux — d'une sublime finesse —, et des perdreaux dont la vente est autorisée. Leur saison est très courte, d'octobre à mi-novembre.

400 g de riz long,
12 alouettes
(il en faut 2 par personnes),
100 g de beurre,
100 g de lardons,
2 oignons,
1 verre de vin blanc,
100 g de parmesan râpé,
1 l de bouillon de poule (page 28),
1 petit verre de grappa ou d'eau-de-vie
(facultatif).

Plumez, troussez, flambez les oiseaux si ce n'est pas fait, ne les videz pas.

Mettez-les à revenir avec les lardons et 30 g de beurre dans une sauteuse. Laissez-les dorer puis flambez-les avec la grappa ou l'eau-de-vie (ce n'est pas obligatoire).

Ajoutez un oignon haché, faites revenir un peu puis mouillez avec un demi-verre de vin blanc, couvrez et laissez mijoter quinze minutes.

Dans votre cocotte faites revenir l'autre oignon haché avec 30 g de beurre, quand il est blond mettez-y le riz et laissez-le prendre couleur. Mouillez avec le demi-verre de vin blanc qui reste, attendez qu'il se soit évaporé pour ajouter du bouillon chaud, louche par louche en tournant fréquemment, jusqu'à complète cuisson.

Incorporez alors le reste de beurre et le parmesan, et servez sur un plat chaud dans lequel vous aurez joliment disposé les alouettes. Servez la sauce à part.

Risotto aux cèpes

500 g de riz long à risotto
(par exemple Superfino Arborio, Carnaroli ou Roma),
500 g de cèpes
(tant mieux si vous en avez davantage),
100 g de beurre,
1,5 l de bouillon de bœuf (page 28),
1 oignon,
2 gousses d'ail,
1 bouquet de persil,
100 g de parmesan râpé,
sel, poivre noir.

Nettoyez les champignons, surtout la terre qui reste accrochée au pied. On dit qu'il ne faut jamais laver les champignons, ni les toucher avec une lame. Comment voulez-vous qu'on les nettoie ? Ne vous laissez pas impressionner. Lavez-les rapidement en les essuyant aussitôt, et découpez-les avec un grand couteau en acier inoxydable, comme moi.

Mettez les morceaux à revenir dans une sauteuse avec la moitié du beurre et les gousses d'ail entières. Enlevez-les quand elles noircissent. Salez, poivrez et laissez cuire vingt-cinq minutes.

Hachez l'oignon et faites-le revenir dans la cocotte à risotto avec le reste de beurre. Quand il est assez doré ajoutez le riz, laissez-lui prendre couleur puis mouillez avec une louche de bouillon chaud. Remuez, recommencez l'opération quand le bouillon sera absorbé, jusqu'à complète cuisson du riz.

Cinq minutes avant la fin incorporez les champignons, le persil haché finement et le parmesan. Servez bien chaud.

La même recette peut être réalisée avec des cèpes séchés. Laissez-les tremper une heure dans l'eau tiède avant de les cuisiner. Le goût n'est pas tout à fait le même, mais c'est tout aussi parfumé.

Riz aux cèpes, tomates et basilic

C'est une ancienne recette niçoise, qu'on retrouve dans les collines au-dessus de Gènes. Quand ce n'était qu'un seul pays...

500 g de riz long,
500 g de tomates,
300 g de cèpes,
100 g de beurre,
1 bouquet de persil plat,
1 oignon, 2 gousses d'ail,
2 cuillerées d'huile d'olive,
5 feuilles de basilic,
80 g de parmesan râpé,
sel, sucre, poivre.

Faites revenir dans un faitout l'oignon et l'ail hachés avec l'huile d'olive et 40 g de beurre. Dorez à feu moyen puis ajoutez les tomates pelées, épépinées et coupées en morceaux avec le basilic et une pincée de sucre. Salez, poivrez, couvrez et laissez mijoter dix minutes.

Ajoutez les champignons nettoyés et coupés en lamelles et le persil haché. Mélangez et faites cuire à tout petit feu une bonne demi-heure.

Pendant ce temps faites bouillir le riz dans une casserole d'eau bouillante salée. Égouttez-le « al dente » (le temps de cuisson est indiqué sur le paquet ; il ne devrait pas excéder dix-huit minutes).

Mélangez avec le beurre restant, le fromage et la moitié de la sauce. Mettez dans un plat de service et versez le reliquat de sauce par-dessus.

Riz aux champignons, pomme et noix

400 g de riz long,
300 g de champignons de Paris,
200 g de cerneaux de noix,
1 pomme reine des reinettes,
1 verre de vin blanc,
1 petit oignon,
1 l de bouillon de légumes (page 27),
80 g de parmesan râpé,
60 g de beurre,
2 cuillerées d'huile d'olive vierge extra,
sel.

Faites revenir dans une petite sauteuse les champignons hachés, les cerneaux de noix coupés en deux et la pomme coupée en quartiers avec 20 g de beurre et l'huile d'olive mélangés. Quand c'est rissolé, mouillez avec la moitié du vin blanc et laissez mijoter dix minutes.

Hachez l'oignon et faites-le revenir dans votre cocotte avec 20 g de beurre. Quand il est transparent, versez le riz et remuez jusqu'à ce qu'il soit doré. Mouillez avec le reste de vin blanc, laissez-le s'évaporer puis ajoutez du bouillon chaud, louche par louche. Tournez fréquemment et vérifiez le sel.

Presque à la fin de la cuisson du riz incorporez le beurre qui reste, le fromage et les champignons avec les noix et la pomme. Remuez bien et servez chaud.

Gâteau de riz aux champignons

400 g de riz long ou mi-long,
300 g de fontina (ou comté),
150 g de champignons des bois (cèpes exclus),
120 g de beurre,
1 œuf,
50 g de parmesan râpé,
chapelure, sel, poivre.

Nettoyez bien les champignons, hachez-les grossièrement et faites-les revenir dans une poêle avec 30 g de beurre. Salez, poivrez. Couvrez partiellement (le couvercle de travers) et laissez cuire à petit feu. Méfiez-vous, les champignons sont assez longs à cuire, tournez souvent et ajoutez quelques gouttes d'eau s'il le faut.

Pendant ce temps faites bouillir le riz dans une casserole d'eau bouillante salée. Égouttez-le « al dente ». Dans un saladier mélangez le riz, le fromage râpé et 30 g de beurre.

Beurrez un moule à gâteau démontable, mettez dans le fond une couche de riz, répartissez bien puis versez une couche de champignons, puis une couche de fines tranches de fontina ou de comté. Remettez du riz, des champignons, etc.

Gardez du riz pour la dernière couche, saupoudrez de chapelure, distribuez le beurre qui reste en copeaux et mettez au four chaud (180 °C) jusqu'à ce que se soit formée une belle croûte dorée. Sortez du four, enlevez les bords de votre moule et servez chaud.

Quand la saison des champignons sauvages est finie on peut faire cette recette avec des champignons secs gonflés dans de l'eau tiède au moins une heure.

Risotto piémontais à la truffe blanche

C'est le risotto par excellence. Les truffes blanches sont rares et coûteuses, je vous conseille donc de les honorer avec le meilleur beurre, le meilleur parmesan et le meilleur bouillon. Je fais ce riz au lendemain d'un pot-au-feu, quand il me reste du bouillon fait maison. Quant aux truffes blanches, on trouve maintenant des petits pots artisanaux de « crème de truffe » qui sont honorables. Ils sont faits avec des débris de truffes et n'ont qu'une durée limitée. Méfiez-vous en revanche des « huiles à la truffe blanche » ou des conserves industrielles, elles ont souvent un goût de rance.

500 g de riz long
(par exemple, Carnaroli),
100 g de beurre,
150 g de parmesan fraîchement râpé,
1 oignon,
2 truffes blanches,
1,5 l de bon bouillon de bœuf
(page 28),
sel, poivre.

Faites revenir l'oignon haché finement dans le fond de votre cocotte avec la moitié du beurre. Quand il est transparent ajoutez la moitié d'une truffe brossée, lavée et bien essuyée que vous aurez hachée.

Ajoutez rapidement le riz, faites-le dorer et mouillez-le avec une louche de bouillon chaud. Tournez et continuez la cuisson en rajoutant du bouillon chaud chaque fois qu'il est absorbé. Ce risotto doit être assez liquide.

Vers la fin de la cuisson, goûtez, incorporez le beurre qui reste et le fromage. Salez, poivrez.

Servez chaud tapissé de fins copeaux de truffe (il

existe une petite râpe spéciale, mais vous pouvez aussi utiliser votre couteau le plus fin) soit dans le plat, soit dans chaque assiette.

Si vous n'avez que de la crème de truffe, incorporez-la au risotto avec le beurre et le fromage.

Ouvrez une bonne bouteille de pomerol et régalez-vous.

Risotto à la saucisse fraîche et à la salade de Trévise

400 g de riz mi-long à risotto,
500 g de salade de Trévise,
200 g de saucisses fraîches,
1 gousse d'ail,
1 verre de vin blanc,
1 l de bouillon de légumes (page 27),
80 g de beurre,
100 g de parmesan,
sel, poivre.

La salade de Trévise est une petite salade rouge à feuilles allongées que l'on trouve maintenant partout sur nos marchés.

Lavez soigneusement les têtes de salades de Trévise, essuyez-les et coupez-les en quatre.

Ouvrez les saucisses, hachez la chair avec un couteau et mettez-la à revenir dans le fond de la cocotte avec la moitié du beurre et l'ail.

Après quelques minutes ajoutez les feuilles de salade, tournez bien et mouillez avec le vin blanc. Laissez cuire à feu doux une dizaine de minutes, en remuant souvent. Enlevez l'ail.

Mettez alors le riz, laissez-le s'imprégner, salez, poivrez, puis mouillez avec une louche de bouillon chaud. Cuisez à feu doux en ajoutant du bouillon chaud au fur et à mesure que le riz épaissit, jusqu'à complète cuisson.

Vers la fin, incorporez le beurre qui reste et le parmesan. Décorez le plat avec quelques feuilles rouges de salade de Trévise crue. Vous ferez beaucoup d'effet.

Risotto au vin rouge

C'est une recette piémontaise, de la région des vins de Barbera et de Barola. Comme équivalent je suggère les côtes-du-rhône, côte-rôtie ou tain-l'hermitage, par exemple. En tout cas n'utilisez pas un vin ordinaire.

400 g de riz long,
100 g de saucisses,
50 g de lardons,
80 g de beurre,
80 g de parmesan râpé,
1 gousse d'ail,
1 oignon,
1/2 l de bouillon de bœuf (page 28),
1/2 l de bon vin rouge,
sel, poivre.

Faites revenir dans votre cocotte l'oignon et l'ail hachés, les saucisses pelées et hachées et les lardons avec la moitié du beurre.

Quand tout a pris une belle couleur dorée, ajoutez le riz ; faites-le blondir lui aussi et mouillez avec du bouillon chaud.

Tournez et versez en alternance une louche de vin et une louche de bouillon au fur et à mesure de la cuisson. Salez, poivrez.

À la fin incorporez le beurre qui reste et le fromage.

Servez bien chaud avec un verre du vin qui vous reste, si vous ne l'avez pas éclusé pendant que vous cuisiniez. Je vous ai vu...

Risotto au raisin
(plat salé)

400 g de riz long,
2 grappes de raisin Italia,
1 verre de vin blanc sec,
1 oignon,
1 gousse d'ail,
1 bouquet de persil,
1 l de bouillon de légumes,
80 g de parmesan râpé,
60 g de beurre,
3 cuillerées d'huile d'olive,
sel, poivre.

Faites revenir l'oignon et l'ail hachés dans le fond de votre cocotte avec la moitié du beurre et l'huile d'olive.

Quand l'oignon est transparent, ajoutez le riz, laissez-le dorer un moment puis mouillez avec le vin.

Quand l'alcool s'est évaporé, versez le bouillon chaud et laissez cuire à feu très doux sans y toucher. N'oubliez pas de saler et de poivrer.

Pendant ce temps pochez une minute les grains de raisin dans l'eau bouillante, pelez-les, coupez-les en deux, épépinez-les.

Presque à la fin de la cuisson du riz incorporez le raisin, le persil haché, le beurre qui reste et le parmesan. Remuez bien et servez chaud.

Soupe de riz et poireaux aux trois fromages

On disait autrefois que les poireaux faisaient du bien aux yeux et au sang. En vérité, ils étaient l'accompagnement pauvre des plats sans viande. Cette recette est commode pour écouler tous les petits restes de fromage.

300 g de riz long
(par exemple, Vialone ou Arborio),
3 poireaux,
4 pommes de terre,
80 g de beurre,
80 g de parmesan râpé,
80 g de gruyère râpé,
80 g de fontina,
ail, laurier,
noix de muscade, sel, poivre.

Nettoyez les poireaux dont vous garderez le vert et coupez-les en tronçons larges de deux doigts (j'ai essayé les surgelés, c'est une solution acceptable ici).

Faites-les revenir dans un faitout avec la moitié du beurre, une feuille de laurier et une gousse d'ail. Laissez mijoter à feu doux un quart d'heure, puis ajoutez les pommes de terre pelées et coupées en cubes.

Versez alors un litre et demi d'eau froide. Salez, poivrez et portez à ébullition. Faites cuire dix minutes puis ajoutez le riz et une bonne pincée de noix de muscade fraîchement moulue. Tournez de temps en temps.

Vers la fin de la cuisson du riz, écrasez les morceaux de pommes de terre dans le bouillon avec une fourchette, puis ajoutez les divers fromages hachés et râpés, et enfin le reste de beurre.

Versez dans une soupière et laissez reposer quelques minutes avant de servir.

Tourte de riz aux blettes et aux poireaux

200 g de riz mi-long
(par exemple, Vialone),
500 g de blettes,
300 g d'oignons,
200 g de poireaux,
80 g de beurre,
50 g de parmesan râpé,
50 g de gruyère râpé,
1 gousse d'ail, 1 feuille de laurier,
2 feuilles de sauge,
10 brins de persil, 5 feuilles de basilic,
2 cuillerées d'huile d'olive,
3 œufs,
chapelure, sel, poivre.

Faites cuire le riz très « al dente » dans une casserole d'eau bouillante salée. Égouttez-le et étalez-le dans un plat long pour qu'il refroidisse.

Faites cuire les blettes lavées dans une casserole avec un peu d'eau salée. Quand elles sont cuites égouttez-les et pressez-les pour éliminer toute l'eau. Hachez-les et mélangez-les au riz dans un saladier.

Pendant ce temps faites revenir les oignons et les poireaux hachés dans une sauteuse avec la moitié du beurre et l'huile d'olive. Ajoutez une feuille de laurier et deux de sauge. Enlevez-les après quelques minutes et quand les poireaux et les oignons seront assez fondus passez-les au mixer.

Ajoutez cette purée au riz et aux blettes. Hachez finement le persil et le basilic ainsi que l'ail et incorporez-les au riz. Ajoutez les œufs battus, le parmesan et le gruyère. Salez, poivrez.

Beurrez un plat à four à bord haut, saupoudrez le fond de chapelure et versez ce mélange épais, répartissez-le bien et mettez le reste de beurre en copeaux sur la surface, puis le gruyère, cuisez à four chaud (200 °C) trente minutes environ.

Servir tiède.

Risotto aux amandes fraîches

400 g de riz long,
200 g d'amandes fraîches,
1/2 verre de vin blanc,
1 l de bouillon de légumes,
1 oignon,
1 petit pot de crème,
80 g de parmesan râpé,
50 g de beurre,
sel.

Décortiquez les amandes, enlevez la peau et hachez-les au moulin.

Faites revenir l'oignon haché dans la cocotte avec 20 g de beurre. Quand il est doré, ajoutez le riz. Laissez-le prendre couleur en le remuant bien.

Mouillez avec le vin, laissez-le s'évaporer puis ajoutez le bouillon chaud petit à petit en tournant fréquemment. Vérifiez le sel.

À la fin de la cuisson du riz incorporez le beurre restant, les amandes, la crème fraîche et le parmesan. Mélangez énergiquement et servez chaud.

Soufflé de riz

250 g de riz rond,
1 l de lait,
50 g de beurre,
150 g de parmesan,
4 œufs,
sel, poivre.

Faites bouillir le riz dans le lait. Salez.

Quand il est cuit et que le lait est absorbé, ajoutez le fromage et du beurre.

Laissez un peu refroidir. Ajoutez alors les jaunes d'œufs, un à la fois en prenant garde qu'il ne « prenne » pas, puis les blancs montés en neige.

Versez dans un plat à soufflé beurré et mettez à four moyen pendant une demi-heure. N'ouvrez pas le four, vous risqueriez de faire retomber votre soufflé. Servez aussitôt.

Tourtière calabraise

C'est un plat du dimanche qui demande un sérieux appétit. Mais ce n'est pas du tout indigeste. Les Calabrais mangent ce « riso in tortiera » à la Toussaint.

500 g de riz long,
200 g de mozzarella,
100 g de parmesan râpé,
4 œufs,
50 g de beurre,
500 g de tomates pelées,
250 g de bœuf (gîte à la noix ou gîte),
1 verre d'huile,
1 cuillerée de concentré de tomate,
1 oignon,
1/2 verre de vin rouge,
basilic, chapelure,
1/2 piment doux (peperoncino),
1 tranche de pain,
1/2 verre de lait,
sel, poivre.

On commence par préparer la sauce de viande. Ceci peut être fait la veille. La règle de l'art serait de cuisiner dans la terre cuite… Prenez, comme moi, votre faitout de fonte émaillée, ou d'acier à double fond, ça ira très bien.

Faites revenir l'oignon haché dans quatre cuillerées d'huile (d'olive de préférence), puis la viande en un seul morceau. Faites-la bien dorer, salez, poivrez et mouillez avec le vin. Quand il s'est évaporé, mettez les tomates pelées coupées en morceaux, quelques feuilles de basilic, le piment épépiné et une louche d'eau chaude dans laquelle vous aurez dilué le concentré de tomate.

Couvrez et laissez cuire à feu doux, en ajoutant de l'eau chaude de temps en temps. Quand la viande est cuite, sortez-la de la sauce, coupez-la en deux et hachez-en une moitié que vous remettrez dans la sauce. Passez l'autre moitié au mixer avec une tranche de pain trempée dans du lait, un œuf entier et 30 g de fromage râpé.

Faites des petites boulettes de la taille d'une noix et faites-les frire dans l'huile chaude. Pour ne pas utiliser trop d'huile ma belle-mère m'a enseigné à faire mes fritures dans une petite casserole. Depuis, je ne me suis plus jamais encombrée de volumineuses friteuses et de tout leur attirail (même pour les pommes de terre frites que je mets dans l'huile froide. Je vous apprendrai ça une autre fois...).

Mettez donc vos boulettes de côté et faites cuire les œufs durs, que vous couperez en rondelles quand ils auront refroidi. Jetez le riz en pluie dans une casserole d'eau bouillante salée et égouttez-le très « al dente ».

Mélangez-le avec les trois quarts de la sauce tomate à la viande. Dans un plat à four haut beurré et saupoudré de chapelure, versez la moitié du riz, étalez-le bien et couvrez-le d'une couche de boulettes, de mozzarella, d'œuf dur, puis du reste de riz, nappé du reste de sauce.

Saupoudrez de chapelure et de fromage et mettez à four bien chaud (200 °C) pendant un quart d'heure.

Démoulez. Servez chaud sur un plat rond. Le lendemain, en tranches grillées à la poêle, c'est encore meilleur !

Risotto au canard sauvage
(colvert)

500 g de riz long,
1 canard d'1,5 kg,
250 g de tomates pelées,
1 verre de vin blanc sec,
8 cuillerées d'huile d'olive,
1 oignon,
1 gousse d'ail,
1 l de bouillon de poule (page 28),
80 g de beurre,
80 g de parmesan râpé,
sauge, sel, poivre.

Demandez à votre volailler de découper le canard en assez petits morceaux. Il a sûrement de meilleurs couteaux que vous. Lavez-les afin de supprimer tous les éclats d'os et de sang. Essuyez-les et mettez-les à revenir dans une grande sauteuse avec l'ail, l'huile et quelques feuilles de sauge.

Quand l'ail aura noirci enlevez-le et mouillez les morceaux de canard dorés avec le vin blanc (bravo d'en avoir acheté un bon).

Quand l'alcool s'est évaporé ajoutez les tomates pelées coupées en morceaux, salez, poivrez, couvrez et cuisez à tout petit feu. Comptez une heure de cuisson en ajoutant fréquemment de l'eau chaude, il doit se former une sauce abondante.

Cette préparation peut se faire d'avance, même la veille.

Une demi-heure avant le repas mettez à revenir l'oignon haché dans la cocotte avec 40 g de beurre, quand il est doré ajoutez le riz, laissez-le prendre couleur puis mouillez-le avec une louche de bouillon chaud. Salez, poivrez. Procédez à la cuisson de votre risotto en rajoutant du bouillon au fur et à mesure, et en tournant souvent.

À mi-cuisson ajoutez le beurre qui reste, le parmesan, quelques cuillerées de jus du canard et quelques petits morceaux émiettés sans os.

Retirez le riz du feu « al dente », recouvert de morceaux de canard entiers, et servez la sauce à part, dégraissée.

Croquettes à la mozzarella

Les enfants les appellent « téléphone » parce que lorsqu'on les ouvre en deux il se forme un long fil de mozzarella fondue. C'est un en-cas délicieux, on en trouve dans les bars en Italie, avec tous les sublimes petits sandwiches (tramezzini) qui n'ont leur égal dans aucun pays. Et qu'on ne dise pas que les Américains ont inventé la restauration rapide.

300 g de riz long ou mi-long,
100 g de mozzarella,
1 tranche de jambon cuit de 100 g,
4 œufs,
100 g de parmesan,
80 g de beurre,
1 oignon,
1 verre de vin blanc,
1 l de bouillon de bœuf (page 28),
farine, chapelure,
persil,
huile à friture,
sel, poivre.

Hachez l'oignon, faites-le revenir dans 50 g de beurre. Quand il est doré, versez le riz et laissez-le prendre couleur quelques minutes. Mouillez avec le vin, puis, dès qu'il s'est évaporé, avec le bouillon, louche par louche. À mi-cuisson, ajoutez le parmesan et le reste de beurre.

Pendant que le risotto cuit, hachez la mozzarella et le jambon. Mélangez-les dans une terrine avec deux œufs, le persil haché et le reste de parmesan. Salez, poivrez.

Quand le riz aura refroidi, faites des boules de la grosseur d'un œuf, formez une cavité avec le pouce que vous remplirez d'une cuillerée de farce. Rebouchez la boulette avec un peu de riz, recomposez la croquette et roulez-la dans la farine, puis dans l'œuf battu allongé avec un peu d'eau, puis la chapelure. Tout ceci avec la plus grande délicatesse pour que les croquettes ne se brisent pas. Enfin mettez-les à frire dans beaucoup d'huile chaude et sortez-les quand elles sont dorées. À manger chaud ou tiède.

Croquants de riz à la béchamel au fromage

300 g de riz,
3 œufs,
80 g de parmesan,
80 g de gruyère ou emmenthal,
huile à friture,
50 g de farine,
1/2 l de lait,
30 g de beurre,
chapelure,
noix de muscade, sel, poivre.

Faites bouillir le riz dans une grande casserole d'eau bouillante salée. Égouttez-le « al dente » et laissez-le refroidir.

Il y a plusieurs façons de faire la béchamel. Moi, je la fais à froid : je dilue la farine dans la casserole avec le lait froid, puis je sale, j'ajoute le beurre et la noix de muscade et je mets à feu doux en surveillant. C'est simple, c'est sain car le beurre n'est pas roussi et je vous assure que le résultat est excellent.

Quand la béchamel est prête (un quart d'heure environ) laissez-la refroidir et incorporez deux jaunes d'œufs et les fromages râpés. Mélangez le riz à cette crème, vérifiez le sel, poivrez.

Étalez ce riz sur une plaque beurrée de manière à former une pâte de deux centimètres d'épaisseur et laissez refroidir complètement. Saupoudrez de farine puis retournez sur une autre plaque pour fariner l'autre côté.

Découpez cette pâte en petits losanges. Battez le dernier œuf, salez-le et passez-y les croquants avant de les rouler dans la chapelure et la friture chaude. Égouttez les fritures avec une écumoire, posez sur du papier absorbant (autrefois on utilisait du papier jaune de boucher) pour éponger les dernières gouttes d'huile et servez chaud.

Je vous garantis le succès.

Riz au saumon frais et aux brocolis
(recette chinoise)

500 g de riz long,
150 g de brocolis très tendres,
200 g de saumon frais,
2 piments (peperoncini),
1 cuillerée de sucre,
2 cuillerées de sauce soja,
8 cuillerées d'huile d'arachide,
1 bel oignon,
sel, poivre.

Faites cuire le riz à la vapeur dans votre cuiseur ou dans une casserole à double fond avec 150 g d'eau salée. Laissez-le refroidir.

Dans une sauteuse faites revenir avec l'huile l'oignon haché et les brocolis coupés en morceaux (s'ils sont vraiment jeunes tout se mange, même le pied), puis ajoutez le saumon coupé en dés, mélangez et cuisez à feu vif deux ou trois minutes seulement.

Ajoutez le riz, les piments passés au hachoir, le sucre et le soja, vérifiez le sel, poivrez et faites sauter pendant encore une minute. Les oignons et les brocolis doivent être encore légèrement croquants et le saumon pas trop cuit. C'est une recette de Hong Kong un peu occidentalisée.

RIZ D'HIVER

Koulibiac de saumon

En russe on dit une « koulibiaka ». Les grands voyageurs et gastronomes français avaient la fâcheuse manie de franciser les noms propres étrangers. Ainsi Makka est devenu La Mecque, Tbilissi est devenu Tiflis, la Puglia est devenue les Pouilles et la koulibiaka est passée au masculin. Heureusement, Saint-Pétersbourg est restée Saint-Pétersbourg

La plupart des recettes de koulibiacs le donnent avec une pâte feuilletée. Ma mère utilisait une pâte levée merveilleuse qui faisait le succès de ses pirojki et de sa koulibiaka. Je vous donne sa recette.

Pour la pâte :

500 g de farine,
1 verre d'huile d'arachide,
1 verre d'eau,
levure de boulanger,
2 cuillerées de lait, 1 pincée de sucre,
1 pincée de sel.

Pour la farce :

150 g de riz demi-long,
500 g de saumon frais,
200 g de champignons de Paris (facultatif),
6 œufs,
1 bouquet d'aneth,
1 bouquet de persil,
150 g de beurre,
3 l de court-bouillon (page 30).

La pâte :

Faites un puits dans la farine, versez-y l'huile, la levure délayée dans un peu de lait tiède. Mélangez rapidement puis ajoutez l'eau, le sel et le sucre. Malaxez, ne pétrissez pas longtemps. Faites une boule, enveloppez-la dans un linge et mettez-la dans un endroit chaud et sans courant d'air. Ma mère la posait sur un radiateur. Il lui faut une bonne heure pour monter, mais surveillez-la, les levures ne fonctionnent pas toutes de la même manière. Elle doit doubler de volume.

Pour la présentation de votre koulibiac vous pouvez soit l'étirer en un seul morceau, déposer la farce au milieu et la refermer en collant les bords sur le haut, comme pour un chausson, soit faire deux rectangles égaux dont vous collerez les bords tout autour en les mouillant légèrement.

La farce :

Faites pocher quinze minutes le saumon dans un court-bouillon. Égouttez-le et nettoyez toutes les peaux et les arêtes.

Faites bouillir le riz à la créole (dans une grande casserole d'eau bouillante salée). Égouttez, laissez refroidir.

Hachez le persil et l'aneth.

Posez la pâte sur une plaque de four beurrée. Disposez en couches successives la moitié du riz, des herbes, des champignons, des œufs durs en rondelles et toute la chair du saumon par-dessus sur laquelle vous poserez des petits morceaux de beurre. Puis recouvrez la couche de saumon avec l'autre moitié des mêmes ingrédients. Salez, poivrez et refermez le koulibiac.

Dorez la surface de la pâte avec du jaune d'œuf.

Plantez au centre du koulibiac un petit cylindre

de bristol pour que le liquide s'évapore sans fissurer votre beau travail et mettez au four chaud quarante minutes.

Servez tiède ou froid, accompagné de smetana (crème fraîche citronnée) ou d'une salade verte. Moi, je le sers sans rien du tout, mais sans oublier un petit verre de vodka glacée.

Riz à la crème de poireau

400 g de riz long,
700 g de blancs de poireaux,
80 g de beurre,
1/2 l de lait,
1/2 l de bouillon de légumes (page 27),
1 petit pot de crème,
80 g de parmesan râpé,
sel, poivre.

Émincez finement les blancs de poireaux (si vous êtes paresseux, les surgelés vous attendent). Faites-les fondre dans la cocotte avec la moitié du beurre.

Cuisez-les doucement en les mouillant petit à petit avec du lait chaud. Salez, poivrez.

Quand vous aurez obtenu une crème assez dense ajoutez le riz, remuez bien et ajoutez le bouillon chaud louche par louche jusqu'à sa parfaite cuisson.

À la fin incorporez le beurre restant, le fromage et la crème. Vérifiez le sel, poivrez et servez chaud.

Riz complet aux poireaux

400 g de riz complet,
1 kg de poireaux,
4 cuillerées d'huile d'olive,
50 g de beurre,
1 bouquet de persil,
50 g de parmesan râpé (facultatif),
sel marin.

Nettoyez les poireaux et coupez-les en fines rondelles, partie verte comprise.

Faites-les revenir dans la cocotte avec l'huile d'olive, et quand ils sont « flétris », ajoutez le riz, mélangez bien. Couvrez d'eau quatre doigts au-dessus du riz.

Cuisez à casserole couverte pendant quarante-cinq minutes à feu doux.

On ne sale le riz complet qu'à la fin. Vérifiez la cuisson, d'un riz complet à l'autre le temps de cuisson peut changer. Ajoutez un peu d'eau chaude si vous voyez que c'est trop sec.

Assaisonnez avec le beurre et le persil haché. Et le fromage pour les fanatiques de parmesan.

Risotto au champagne

Il faut du vrai champagne, mais n'exagérons pas, gardez le meilleur pour le boire avec le risotto ; pour cuisiner, utilisez un petit champagne sympathique qui ne vous coûtera pas trop cher (il y en a d'excellents, on paie souvent l'étiquette).

500 g de riz long de bonne marque,
1/2 bouteille de champagne,
80 g de beurre,
1 oignon,
1 l de bouillon de bœuf (page 28),
1,5 dl de crème fraîche.

Faites revenir l'oignon finement haché dans votre cocotte avec tout le beurre. Ne le laissez pas trop roussir, ajoutez le riz et faites-lui prendre couleur. Commencez à verser le champagne, verre après verre, en laissant bien le riz l'absorber. Gardez-en un demi-verre pour la fin. Continuez la cuisson avec le bouillon chaud louche par louche.

Quelques minutes avant la fin de la cuisson versez le demi-verre de champagne restant, tournez bien et ajoutez la crème fraîche. Mélangez, vérifiez le sel, poivrez et servez chaud sans fromage.

C'est très fin.

Risotto milanais au safran

500 g de riz long
(par exemple, Vialone),
120 g de beurre,
100 g de grana
(parmesan de Lombardie),
80 g de moelle de bœuf,
1,5 l de bouillon de pot-au-feu
de viandes mélangées
(poule, bœuf, veau),
1 oignon,
safran en brins ou 2 doses,
sel.

Diluez le safran dans un bol de bouillon chaud. Mettez à revenir l'oignon haché grossièrement et la moelle avec 50 g de beurre. Laissez rissoler dix bonnes minutes puis enlevez l'oignon en l'égouttant bien dans la cocotte. Versez alors le riz et faites-lui prendre couleur.

Mouillez avec une louche de bouillon bouillant, tournez et continuez la cuisson en ajoutant du bouillon chaud au fur et à mesure qu'il est absorbé. Vérifiez le sel. Ajoutez le safran vers la fin, pour qu'il garde tout son parfum. Tournez bien.

Ne vous inquiétez pas si le risotto « colle » aux parois de la cocotte. La croûte dans le fond est paraît-il le meilleur.

Tout à fait à la fin incorporez le reste de beurre et la moitié du fromage. L'autre moitié sera saupoudrée sur chaque assiette.

J'adore ce risotto, c'est vraiment un grand plat.

Galette de risotto
(riso al salto)

Le lendemain d'un risotto milanais, débrouillez-vous pour qu'il vous en reste assez pour faire ce plat délicieux qu'on ne sert qu'à Milan.

Mettez un bon morceau de beurre dans votre poêle qui n'attache pas, et, quand il mousse, versez le riz froid qui formera une galette occupant toute la poêle.

Laissez dorer la galette à feu doux, retournez-la en utilisant un plat rond ou un couvercle plat, et faites dorer l'autre côté.

C'est croquant et craquant.

Soupe orientale de riz aux lentilles

300 g de lentilles,
200 g de riz rond,
2 gousses d'ail,
1 oignon,
4 cuillerées d'huile d'olive,
1 carotte,
cumin, 1 feuille de laurier,
croûtons,
sel, poivre.

Les lentilles, comme le riz, n'ont plus besoin d'être triées ni lavées. Elles cuisent en une heure sans avoir été trempées avant.

Mettez ensemble dans une grande casserole d'eau froide les lentilles, l'oignon coupé en quatre et la carotte grattée et coupée en grosses rondelles. Salez, poivrez (quelques grains entiers sont préférables) et mettez la feuille de laurier.

Dix minutes avant la fin de la cuisson des lentilles versez le riz. Rajoutez de l'eau si c'est utile. Quand c'est cuit ajoutez l'huile d'olive, le cumin et l'ail pressé. Mélangez bien.

C'est une soupe onctueuse. Vous pouvez servir comme ça, ou passé au mixer (personnellement je préfère).

Décorez avec des croûtons au beurre.

Gratin de riz au chou-fleur

200 g de riz rond,
1 petit chou-fleur,
20 cl de sauce tomate
(page 31, sauce tomate n° 2),
50 g de gruyère râpé,
50 g de parmesan râpé,
20 g de beurre,
sel, poivre.

Faites bouillir le chou-fleur divisé en bouquets dans une grande casserole d'eau bouillante salée.

Faites cuire le riz à la créole « al dente » dans l'eau bouillante salée.

Égouttez le chou et hachez-le. Mélangez-le au riz, à la sauce tomate et au parmesan. Salez et poivrez.

Versez cette préparation dans un plat à four beurré et saupoudrez de gruyère et de noisettes de beurre. Faites gratiner à four chaud (210 °C) et servez chaud.

On peut remplacer la sauce tomate par une béchamel légère.

Gnocchis de riz

J'ai découvert cette recette en Suisse, dans un petit restaurant. Je raffole des gnocchis, à la pomme de terre, à la semoule et de toutes les manières. Je n'avais pas deviné de quoi ceux-ci étaient faits. Ce sont peut-être les plus délicats.

120 g de semoule de riz,
1/2 l de lait,
50 g de farine,
3 œufs,
100 g de beurre,
100 g d'emmenthal râpé,
sel.

Faites bouillir le lait et versez-y la semoule en pluie, puis la farine. Remuez bien et laissez cuire dix minutes à feu moyen.

Faites attention à la taille de votre casserole, la semoule va augmenter de volume. Sortez du feu et incorporez les jaunes d'œufs et la moitié du beurre. Mélangez bien.

Étalez la semoule sur un plat mouillé, lissez avec une spatule mouillée à l'eau froide.

Quand c'est froid, découpez en morceaux de la grandeur d'une raviole.

Posez-les dans un plat à four beurré, saupoudrez de fromage et de petits morceaux de beurre et mettez à four très chaud (220 °C) pendant douze minutes.

Servez chaud, avec une sauce tomate, si vous voulez (sauce n° 3, page 32).

Risotto au caviar et au saumon fumé

Que je sois franche.

Je ne suis pas convaincue par l'usage du caviar dans la cuisine. Le bon caviar se mange seul, sur un toast ou à la rigueur une pomme de terre au four. Quant au saumon fumé, il faut éviter de le cuire. Je vous donne cependant cette recette où le caviar et le saumon figurent en garniture. Ils gardent ainsi leur intégrité.

300 g de riz long,
50 g de caviar (sevruga ou béluga),
100 g de saumon fumé
(j'aime l'écossais),
1 petit pot de crème fraîche,
1/2 verre de vin blanc,
1/2 oignon,
50 g de beurre,
1 l de bouillon de légumes (page 27),
sel.

Faites revenir l'oignon haché dans la cocotte avec la moitié du beurre. Quand il est blond versez le riz et laissez-le dorer avec l'oignon.

Mouillez avec le vin blanc, laissez-le s'évaporer puis ajoutez une louche de bouillon chaud. Tournez et recommencez l'opération chaque fois que le bouillon est absorbé.

À la fin de la cuisson incorporez le reste de beurre et la crème. Remuez énergiquement et servez en décorant chaque assiette d'une cuillerée de saumon coupé en dés et de quelques grains de caviar (de grâce, du vrai...).

On peut trinquer avec des petits verres de vodka (polonaise) en écoutant une chanson de Vissotzki.

Potée de riz et haricots

En été, à la saison des haricots frais, cette potée se mange froide avec un filet d'huile d'olive. Mais vous aurez envie de la manger en hiver aussi, les haricots secs sont tout aussi délicieux.

200 g de riz mi-long,
300 g de haricots « cannellini »,
100 g de jambon cru ou de lardons,
1 beau bouquet de persil plat,
1/2 chou,
1 oignon, 1 carotte,
1 branche de céleri, 2 gousses d'ail,
6 feuilles de basilic,
1 brin de romarin,
thym, laurier,
4 tomates mûres
(ou une boîte de 250 g de tomates pelées),
8 cuillerées d'huile d'olive,
sel, poivre.

Couvrez les haricots d'eau non salée dans un faitout et ajoutez une demi-tomate, une gousse d'ail écrasée dans sa peau, une feuille de laurier, quelques grains de poivre et une cuillerée d'huile d'olive. Faites cuire à feu doux pendant une heure avec un couvercle.

Quand les haricots seront cuits vous les égoutterez en gardant l'eau de cuisson et vous en passerez la moitié à la moulinette.

Hachez l'oignon, la carotte, le céleri, l'ail, le persil et trois feuilles de basilic, ainsi que le jambon cru ou les lardons. Faites revenir le tout dans le fond de votre casserole à potage avec l'huile d'olive.

Après quelques minutes, ajoutez les tomates pelées et épépinées coupées en morceaux, le chou haché grossièrement, du thym, du romarin, puis les haricots passés, les haricots entiers, leur jus de cuisson et un bon litre d'eau chaude. Salez, poivrez. Laissez cuire une demi-heure et ne mettez le riz qu'un quart d'heure avant de passer à table.

Servez sans fromage, décoré des autres feuilles de basilic hachées.

Riz et lentilles

200 g de riz rond,
150 g de lentilles du Puy,
4 tomates bien mûres,
80 g de lard,
6 cuillerées d'huile d'olive,
sel, sucre, poivre.

Mettez les lentilles dans une casserole d'eau froide et faites-les bouillir une petite heure.

Faites revenir le lard haché dans votre cocotte avec quatre cuillerées d'huile d'olive. Ajoutez les tomates pelées et épépinées, salez, mettez une pincée de sucre et mouillez avec un bon litre d'eau bouillante.

Laissez cuire dix minutes à feu moyen puis versez le riz en pluie et continuez la cuisson.

Égouttez les lentilles et unissez-les au riz quand il sera cuit.

Ajoutez les deux dernières cuillerées d'huile d'olive, tournez et servez dans une soupière.

Soupe au lait, riz et marrons

200 g de riz rond,
300 g de marrons épluchés (sous vide c'est ce qu'il y a de mieux),
40 g de beurre,
3/4 de l de lait,
sel.

Faites bouillir les marrons décortiqués dans deux litres d'eau salée. S'ils sont déjà cuits il suffit de les chauffer dix minutes. Sinon il faut au moins deux heures de cuisson.

Égouttez-les et passez-les rapidement au mixer avec une louche d'eau de cuisson. On doit voir encore des petits morceaux de marron.

Faites chauffer le lait et quand il bout jetez-y le riz. Salez.

Quand le riz est presque cuit, ajoutez les marrons et le beurre. Ajoutez un peu d'eau de cuisson des marrons si c'est trop dense. C'est une soupe onctueuse.

Lait de poule au riz et épinards

C'est une recette de ma belle-mère, avec laquelle je conquiers tous les réfractaires au potage. Catherine de Médicis la réclamait au chef qu'elle avait ramené de Bologne quand elle souffrait du froid en France.

300 g de riz rond,
200 g d'épinards en branches
(les surgelés sont impeccables),
2 jaunes d'œufs,
50 g de beurre,
100 g de parmesan,
2 l de bouillon de poule (page 28),
sel, poivre.

Faites pocher les épinards dans une casserole d'eau bouillante salée, égouttez-les et hachez-les. Faites-les revenir dans une poêle avec la moitié du beurre sept à huit minutes.

Pendant ce temps, mettez le riz à cuire dans le bouillon bouillant.

Dans le fond de la soupière froide, diluez les jaunes d'œufs, le beurre qui reste et le parmesan avec un peu de bouillon refroidi dans une tasse.

Quand le riz est cuit versez ce potage dans la soupière louche par louche, en tournant bien pour ne pas faire « prendre » les œufs. Ajoutez les épinards. Vérifiez le sel, poivrez. Servez chaud.

C'est d'une finesse exquise.

Riz et potiron

400 g de riz long,
800 g de potiron ferme et sucré (sans écorce),
100 g de beurre,
80 g de parmesan râpé,
sel.

Mettez un petit morceau de potiron à cuire au four pour le goûter. Il faut bien s'assurer que le potiron est bon.

Nettoyez les graines et les fibres, enlevez l'écorce et coupez la chair en gros cubes. Mettez-les dans une casserole avec un litre et demi d'eau. Salez. Laissez cuire huit minutes après ébullition, puis ajoutez le riz. Ajoutez de l'eau si le riz en absorbe trop, cela dépend du type de riz et de la pression atmosphérique.

Quand le riz est cuit incorporez le beurre et le parmesan en tournant doucement pour ne pas complètement défaire les cubes de potiron.

Servez chaud et donnez des cuillers à vos convives.

Soupe de riz et potiron

200 g de riz rond,
300 g de potiron (sans écorce),
40 g de beurre,
40 g de lard,
1 oignon, 1 carotte,
1 branche de céleri,
1 l de bouillon de bœuf (page 28),
50 g de parmesan,
sel.

Nettoyez et découpez le potiron comme à la recette précédente.

Hachez l'oignon, la carotte, le céleri et le lard.

Faites-les revenir dans votre cocotte avec le beurre, et quand l'oignon est doré ajoutez les morceaux de potiron.

Laissez rissoler quelques minutes, puis mouillez avec le bouillon et versez le riz au bout d'un quart d'heure.

Quand il est cuit, incorporez le parmesan et servez fumant dans une soupière.

Risotto à la crème de potiron

400 g de riz long à risotto,
600 g de potiron (sans la peau),
1 oignon,
50 g de beurre,
3 cuillerées de crème fraîche,
1 l de bouillon de légumes (page 27),
80 g de parmesan râpé,
sel, poivre.

Faites revenir l'oignon haché dans votre cocotte avec le beurre. Quand il est transparent ajoutez les morceaux de potiron et faites cuire avec un couvercle. Tournez bien pour réduire le potiron en purée. Salez.

Ajoutez le riz, le bouillon par louches successives, en remuant sans cesse. Quand le riz est cuit « al dente » incorporez la crème et le parmesan. Vérifiez le sel, poivrez et servez chaud.

On peut remplacer le parmesan par du gruyère.

Ce risotto a une belle couleur orange.

Je le sers avec des beignets de fleurs de courgettes.

Poule au riz

400 g de riz long,
1 poule jeune,
1 poireau, 2 carottes, 1 navet, 1 oignon,
1 bouquet garni,
1 feuille de laurier,
1 gousse d'ail,
sel, poivre, un clou de girofle.

Pour la sauce blanche (facultatif) :

50 g de beurre,
2 cuillerées de farine.

Nettoyez les légumes. Mettez-les dans une grande casserole avec la poule, le bouquet garni et la feuille de laurier. Piquez l'oignon d'un clou de girofle. Salez au gros sel et mettez quelques grains de poivre entiers. Couvrez d'eau et faites bouillir à petit feu une heure et demie.

Faites cuire le riz dix minutes dans l'eau bouillante salée, égouttez-le puis prélevez quatre tasses du bouillon de la poule et finissez la cuisson du riz avec. Servez la poule découpée sur le riz beurré.

On peut napper la poule d'une sauce blanche : faites un roux blond avec le beurre et la farine, mouillez-le avec une tasse et demie de bouillon. Remuez et laissez épaissir dix minutes.

Soupe de tomate et riz

200 g de riz rond,
1 kg de tomates mûres et juteuses,
2 l de bouillon de légumes,
1 oignon,
1 branche de céleri,
1 bouquet de basilic,
30 g de parmesan râpé,
sel, sucre, poivre.

Hachez l'oignon et le céleri et mettez-les dans une casserole avec les tomates pelées et coupées en morceaux. Salez, poivrez, n'oubliez pas le petit morceau de sucre. Couvrez et laissez mijoter un quart d'heure.

Retirez du feu, laissez refroidir un peu et passez au mixer. Remettez dans une casserole avec le bouillon de légumes chaud. Portez à ébullition et jetez-y le riz en pluie.

Quand le riz est cuit incorporez le beurre, vérifiez le sel et versez dans la soupière sur un lit de basilic finement haché. Tournez bien.

On peut servir avec du parmesan, mais moi, je préfère sans.

Poulet au riz et aux pois chiches
(recette marocaine)

1 poulet fermier entre 1,5 kg et 2 kg,
200 g de riz mi-long,
350 g d'oignons,
100 g de pois chiches,
1 citron,
75 g de beurre,
3 cuillerées d'huile d'olive,
piment doux (harissa), cumin, safran,
persil plat et coriandre fraîche,
sel, poivre.

Demandez à votre boucher de couper votre poulet en douze morceaux. Lavez-les, essuyez-les et roulez chaque morceau dans une coupelle où vous aurez mélangé une cuillerée à café de sel, une cuillerée à café de poivre, une bonne pincée de cumin et de piment doux. Mettez les morceaux de poulet à mariner au moins une heure avec l'huile d'olive.

Faites revenir les oignons émincés et les morceaux de poulet marinés avec le beurre. Quand ils sont bien dorés couvrez de bouillon après y avoir dilué une dose de safran (ou cinq brindilles). Si vos pois chiches sont à cuire, mettez-les tout de suite autour du poulet (vous les aurez fait tremper deux heures dans l'eau froide). Si, comme je vous le conseille, vous les achetez en boîte, vous les mettrez plus tard, à mi-cuisson.

Couvrez et laissez cuire une heure, à petit feu, jusqu'à ce que le poulet soit très tendre.

À la fin ajoutez le persil et la coriandre hachés.

Pendant ce temps vous aurez fait cuire le riz à l'eau bouillante salée. Égouttez-le et déposez le poulet sur la moitié du riz. Versez par-dessus les pois chiches, la sauce safranée et enfin le reste du riz.

Arrosez du jus d'un citron. Servez chaud.

Risotto au speck

Le speck est un jambon fumé des montagnes suisses et autrichiennes. Á ne pas confondre avec la bresaola, qui n'est pas du porc.

500 g de riz long,
1 tranche de 350 g de speck,
1 poireau,
50 g de beurre,
1 petit pot de crème,
1 l de bouillon de bœuf (page 28),
1 petit verre de gin,
75 g de parmesan râpé,
genièvre en baies,
sel, poivre.

Nettoyez le poireau et hachez la partie blanche. Faites-la fondre dans la cocotte avec le beurre. Ajoutez le speck coupé en petits dés et quelques baies de genièvre. Attention que ça ne se dessèche pas.

Versez le riz et faites-lui prendre couleur. Mouillez avec le petit verre de gin, laissez-le s'évaporer puis ajoutez le bouillon chaud petit à petit, en remuant souvent, jusqu'à complète cuisson du riz.

Retirez du feu, incorporez la crème fraîche et le parmesan, vérifiez le sel, poivrez et servez bien chaud dans des assiettes en bois, comme dans un chalet.

Riz à la crème de fontina

Voici une recette express qui vous donnera une grande satisfaction.

500 g de riz long,
150 g de fontina de la vallée d'Aoste,
50 g de beurre,
2 dl de crème fraîche,
50 g de parmesan râpé,
sel.

Faites bouillir le riz dans une grande casserole d'eau bouillante salée. Sans faire bouillir la crème, faites-y fondre la fontina coupée en petits morceaux, soit au bain-marie, soit dans une casserole à fond très épais et antiadhérente. Salez et conservez au chaud.

Quand le riz est cuit « al dente » égouttez-le et mélangez-le avec la crème de fontina, le beurre et le parmesan. Tournez avec vivacité et servez rapidement.

Chou farci

350 g de riz long,
1 chou,
80 g de beurre,
1 oignon,
250 g de bonne chair à saucisse,
3/4 de l de bouillon de pot-au-feu,
sel, poivre.

J'ai supprimé la barde de lard de presque toutes ces recettes traditionnelles. Je vous assure que ça marche très bien, c'est plus léger et tout aussi savoureux.

Effeuillez le chou attentivement et jetez les feuilles extérieures. Faites blanchir les autres à grande eau salée et mettez à plat sur un linge celles qui sont assez grandes pour être farcies (comptez deux boules par personne). Hachez les autres.

Faites revenir dans une sauteuse l'oignon haché et la chair à saucisse avec 40 g de beurre. Laissez rissoler un moment puis ajoutez le chou haché. Salez, poivrez.

Pendant ce temps vous aurez fait un riz pilaf, en faisant revenir le riz dans 20 g de beurre et en le mouillant avec deux fois sa quantité d'eau chaude. Couvrez-le bien. Quand il est cuit (vingt minutes à feu doux), mélangez-le au chou et à la chair à saucisse.

Déposez sur chaque feuille de chou deux ou trois cuillerées de cette farce, puis fermez les feuilles en petits paquets bien langés et posez-les une à une dans une sauteuse haute beurrée.

Quand vous les aurez toutes placées côte à côte baignez-les de bouillon et laissez braiser à feu doux une demi-heure. Vous pouvez faire la même chose au four moyen (170 °C).

Servez chaud. Le lendemain c'est encore meilleur.

Malfoul mahchi
(feuilles de chou farcies)

1 chou blanc ou vert,
2 citrons,
1 verre de riz rond,
400 g de viande hachée
(bœuf ou mouton),
1 oignon, 3 gousses d'ail,
4 cuillerées d'huile d'olive,
menthe séchée,
cannelle, paprika,
sel, poivre.

Blanchissez le chou trois minutes dans une grande casserole. Effeuillez-le prudemment. Mettez quelques feuilles de côté. Découpez la nervure centrale de chaque feuille et étalez les bandelettes de chou sur un linge propre.

Hachez finement l'oignon et mélangez-le à la viande hachée, avec le riz cru et une pincée de chaque épice.

Faites des boulettes allongées avec cette farce et posez-les sur les feuilles de chou que vous roulerez comme des cigares.

Disposez ces petits rouleaux dans la cocotte que vous aurez tapissée de feuilles conservées à cette fin. Faites des couches superposées et couvrez avec l'eau, où vous aurez jeté une pincée de menthe séchée.

Mettez à feu vif. Quand ça bout, versez l'huile d'olive et laissez mijoter à feu doux cinquante minutes. Dix minutes avant la fin de la cuisson ajoutez les gousses d'ail entières (vous les enlèverez avant de servir) et le jus des citrons.

Servez tiède ou froid.

Risotto au chou

400 g de riz long ou mi-long à risotto,
1 petit chou vert,
100 g de viande de bœuf hachée,
50 g de lardons,
1 petite carotte, 1 oignon,
1 branche de céleri,
1 cuillerée de concentré de tomate,
1 l de bouillon de bœuf (page 28),
sel, poivre.

Faites blanchir trois minutes le chou coupé en quatre dans une casserole d'eau bouillante.

Hachez l'oignon, la carotte, le céleri et les lardons et mettez-les à revenir ensemble dans le fond de la cocotte. Le gras des lardons devrait suffire.

Ajoutez ensuite la viande hachée et laissez-la rissoler un peu.

Égouttez le chou et hachez-le. Versez-le dans la cocotte avec une louche d'eau tiède dans laquelle vous aurez dilué le concentré de tomate. Salez, poivrez, faites cuire une heure à feu très bas, en remuant souvent et en ajoutant un peu d'eau chaude si vous voyez que ça attache.

Versez alors le riz, mouillez avec du bouillon chaud, petit à petit jusqu'à la fin de la cuisson.

Tournez fréquemment et servez « al dente ». Le chou aura presque fondu, c'est onctueux et franc, c'est un de mes riz préférés.

Minestrone toscan

200 g de riz mi-long,
500 g de haricots borlotti
(frais écossés en saison),
150 g d'épinards,
1/4 de chou vert,
75 g de jambon cru ou de lardons,
4 côtes de blettes avec les feuilles,
1 bouquet de persil plat,
1 carotte, 1 oignon,
1 branche de céleri,
2 pommes de terre,
1 courgette,
1 couenne de lard (facultatif),
1 cuillerée de concentré de tomate,
1 cuillerée d'huile d'olive,
2 l de bouillon de bœuf (page 28),
1 gousse d'ail,
80 g de parmesan râpé,
sel, poivre.

Nettoyez les légumes. Coupez en lanières le chou, les épinards et les blettes blanchis.

Hachez le jambon (ou les lardons), le persil et l'ail. Mettez-les à revenir ensemble dans une casserole avec une cuillerée d'huile d'olive. Laissez dorer à petit feu.

Ajoutez l'oignon, la carotte et le céleri hachés, puis la courgette, les pommes de terre en rondelles, les haricots, le concentré de tomate dilué dans une tasse d'eau chaude et la couenne entière (facultatif).

Versez le bouillon, salez, poivrez et laissez frémir à petit feu pendant deux heures.

Mettez le riz dix minutes avant la fin, ôtez la couenne et servez chaud avec du parmesan dans chaque assiette et un tour de moulin à poivre. C'est très bon aussi bien tiède que froid.

Riz à la crème de foie d'oie frais

250 g de riz long,
150 g de foies de volaille,
100 g de foie d'oie frais,
80 g de beurre,
1 l de bouillon de poule (page 28),
1 petit pot de crème fraîche,
1/2 verre de vin blanc,
1 petit verre de cognac,
1/2 oignon,
1 feuille de laurier,
noix de muscade, sel, poivre.

Nettoyez et hachez les foies de volaille et le foie d'oie séparément.

Faites revenir les foies de volaille avec 20 g de beurre et la feuille de laurier, puis ajoutez le foie d'oie, le cognac et laissez rissoler quatre minutes.

Laissez refroidir et passez au mixer avec 20 g de beurre, du sel et du poivre jusqu'à obtenir une crème.

Mettez la crème et le parmesan dans une petite casserole et ajoutez la crème de foie. Râpez une demi-cuillerée à café de noix de muscade. Chauffez quelques minutes en mélangeant bien et réservez.

Pendant ce temps vous aurez haché l'oignon, vous l'aurez mis à revenir avec 20 g de beurre dans votre cocotte.

Quand il est blond ajoutez le riz, laissez-le prendre couleur et mouillez avec le vin blanc, laissez-le s'évaporer et commencez à verser le bouillon chaud, louche par louche au fur et à mesure de la cuisson du risotto.

Quand c'est presque prêt incorporez la crème de foie, le beurre qui reste et remuez énergiquement. Servez chaud.

Les malades du parmesan pourront en saupoudrer sur chaque assiette.

DESSERTS AU RIZ

Les riz au lait

Il y a plusieurs recettes. Certains riz au lait servent de base aux autres desserts. Je vous les donne donc toutes.

Habituellement, on utilise du riz rond pour les desserts de riz. Mais la mode a changé, tous les grands pâtissiers des restaurants à étoiles se servent aujourd'hui de riz longs qui résistent davantage à la cuisson. L'aspect des riz au lait n'est plus le même. Adieu les bouillies !

Riz au lait simple

300 g de riz long,
100 g de sucre en poudre,
1,3 l de lait,
1 gousse de vanille,
sel.

Faites bouillir le riz trois minutes dans une grande casserole d'eau bouillante salée.

Égouttez-le et versez-le dans le lait bouillant avec la gousse de vanille fendue.

Couvrez et laissez cuire à tout petit feu une demi-heure.

Retirez du feu, enlevez la vanille et sucrez. Tournez. Ce ne doit pas être trop compact.

Riz au lait aux œufs

300 g de riz long,
100 g de sucre en poudre,
30 g de beurre,
1,3 l de lait,
3 œufs,
1 gousse de vanille,
2 cuillerées de crème fraîche
(facultatif),
sel.

Faites bouillir le riz trois minutes dans une grande casserole d'eau bouillante salée.

Égouttez, laissez-le refroidir et versez-le dans le lait bouillant avec la vanille, le beurre et une pincée de sel. On sucre toujours le riz à la fin.

Laissez cuire vingt-cinq minutes, retirez du feu et incorporez les jaunes d'œufs liés ou non avec la crème fraîche, à votre goût.

Riz au lait au bain-marie

Exceptionnellement, il faut laver le riz pour cette recette, car on doit le débarrasser de tout son amidon.

200 g de riz long,
1 l de lait,
1 verre d'eau,
80 g de sucre en poudre,
1 zeste d'orange.

Après avoir lavé le riz mettez-le, bien égoutté, dans un plat à soufflé avec le lait froid, l'eau, le sucre et le zeste râpé.

Placez le plat dans un autre plat à four plus large rempli d'eau et mettez au four très doux.

Quand une croûte se forme sur le dessus mélangez-la au riz en remuant doucement. Répétez l'opération chaque fois que la croûte se reforme.

Le riz est cuit quand tout le lait est absorbé. Il faut compter deux bonnes heures.

Ce riz se mange tiède ou froid.

Beignets de riz au rhum

100 g de riz long,
50 g de farine,
25 g de beurre,
20 g de sucre semoule,
20 g de sucre glace,
1/2 l de lait,
3 œufs,
1 zeste de citron,
1 petit verre de rhum,
huile de friture,
sel.

Faites bouillir le riz dans le lait. À mi-cuisson ajoutez le beurre, une pincée de sel, le sucre semoule et le zeste de citron râpé.

Quand le riz est cuit, versez-le dans une terrine et laissez-le refroidir. Incorporez alors les jaunes d'œufs, la farine et le rhum.

Montez les blancs en neige et incorporez-les délicatement au riz.

Jetez des cuillerées de cette pâte dans l'huile bouillante. Retournez les beignets ainsi formés avec une fourchette, vérifiez qu'ils soient bien dorés des deux côtés et sortez-les avec une écumoire.

Posez-les sur du papier de cuisine absorbant, puis disposez-les sur un plat.

Saupoudrez de sucre glace et servez.

Avec croquettes ou beignets, on fait toujours un tabac.

Beignets de riz à l'orange

C'est la même recette sauf qu'on remplace le rhum par du zeste râpé d'orange et de citron.

Beignets de riz au potiron

Même recette.

Mais on ajoute, en même temps que les œufs, des morceaux de potiron cuits au four et écrasés en purée. Il faut alors doubler la quantité de beurre et supprimer la farine.

Gâteau de riz aux noix, pignons et pistaches

300 g de riz long,
200 g de sucre,
120 g de fruits confits,
50 g de pignons,
20 g de pistaches,
20 g de cerneaux de noix,
60 g de beurre,
3 œufs,
1 l de lait,
vanille en poudre,
1 zeste de citron,
sucre glace (facultatif).

Mettez à bouillir le lait avec le sucre. Quand il commence à frémir versez le riz, et laissez cuire jusqu'à ce que le lait soit absorbé.

Laissez refroidir puis incorporez les œufs entiers, la vanille, les fruits confits hachés, les pignons et 40 g de beurre. Mélangez bien et râpez le zeste d'un demi-citron. Ajoutez les noix hachées et les pistaches pelées.

Versez cette préparation dans un moule beurré à bord haut et mettez à four chaud (200 °C) pendant une demi-heure.

Démoulez et servez froid.

On peut saupoudrer la surface de sucre glace tamisé à travers une petite passoire à thé qu'on secoue au-dessus du gâteau.

Gâteau de riz au fromage blanc

250 g de riz long,
1 l de lait,
200 g de sucre,
300 g de « ricotta »
(ou fromage blanc égoutté
ou faisselle),
4 œufs,
1 zeste d'orange,
beurre, chapelure, sucre glace vanillé,
1 petit verre de Cointreau (facultatif),
sel.

Faites cuire le riz dans le lait bouillant où vous aurez mis une pincée de sel et le zeste râpé d'une demi-orange (non traitée).

Quand c'est cuit retirez du feu, ajoutez le sucre et laissez tiédir. Ajoutez alors les œufs entiers, la ricotta (ou le fromage blanc que vous aurez fait égoutter pendant une heure) et la liqueur (si vous aimez). Mélangez bien.

Beurrez un moule à gâteau dont le bord se démonte, saupoudrez le fond de chapelure et versez le riz mélangé au fromage en égalisant bien.

Mettez à four moyen (150-180 °C) pendant quarante-cinq minutes.

Démoulez et servez saupoudré de sucre glace vanillé.

Gâteau de riz au sabayon

150 g de riz long,
3/4 de l de lait,
100 g de sucre,
4 œufs,
30 g de beurre,
vanille,
1 zeste de citron,
100 g de raisins secs,
1 petit verre de kirsch (facultatif),
sel.

Pour le sabayon :

4 jaunes d'œufs,
100 g de sucre,
8 cuillerées de marsala sec.

Commencez par mettre à tremper les raisins secs dans un bol d'eau tiède. Faites cuire le riz dans le lait bouillant salé et vanillé (soit avec une gousse, soit avec une dose en poudre). Ajoutez un peu de zeste de citron râpé. Mettez le sucre et le beurre quand c'est cuit, mélangez bien.

Laissez refroidir puis incorporez les quatre jaunes d'œufs. Ajoutez les raisins secs égouttés et le kirsch (si vous aimez, moi je ne raffole pas de l'alcool dans les desserts).

Montez les blancs d'œufs en neige et introduisez-les doucement dans le riz.

Beurrez un moule à charlotte et remplissez-le de la préparation. Mettez à four moyen (150 °C) pendant trois quarts d'heure au moins. Si la surface brunit trop, protégez-la avec un papier aluminium.

Pendant ce temps préparez le sabayon : mélangez

le sucre et les jaunes d'œufs dans une petite casserole avec un fouet. Ajoutez le marsala petit à petit, en tournant avec une cuiller en bois. Mettez la casserole à tout petit feu ou mieux encore dans un bain-marie. Ne cessez pas de tourner. Ne portez jamais à ébullition. C'est prêt assez rapidement. La crème doit être épaisse et retenir la cuiller.

Servez tiède aussi bien le gâteau que le sabayon en saucière.

Tarte de riz au chocolat

150 g de riz rond,
3/4 de l de lait,
100 g de sucre,
150 g de chocolat fondant,
50 g de pignons,
50 g d'amandes pelées,
50 g d'écorce d'orange,
vanille,
sucre glace vanillé,
sel.

Pour la pâte :

300 g de farine,
150 g de beurre,
100 g de sucre,
sel.

Faites une pâte brisée en creusant un puits dans la farine où vous mettrez tous les ingrédients et un peu d'eau. Pétrissez le moins possible et laissez reposer en boule (on peut aussi acheter une pâte brisée surgelée, ce n'est pas mal du tout).

Faites cuire le riz dans le lait bouillant légèrement salé et vanillé. Laissez refroidir.

Incorporez les pignons, les amandes grossièrement hachées, l'écorce d'orange confite hachée et le chocolat râpé avec la râpe à gros trous et le sucre.

Étalez votre pâte avec le rouleau à pâtisserie et faites une abaisse suffisante pour tapisser votre moule et pour décorer le gâteau avec de fines bandelettes à la fin.

Versez le riz et tous ces condiments dans le moule beurré et tapissé de pâte. Mettez à four moyen (180 °C) pendant quarante-cinq minutes.

Quand le gâteau aura refroidi démoulez-le et servez-le sur un plat à tarte saupoudré de sucre glace vanillé.

Couronne de riz au lait au chocolat chaud

250 g de riz long,
1 l de lait,
100 g de sucre,
30 g de beurre,
1 zeste de citron,
1/4 de l de crème à fouetter,
1 petit verre de Cointreau
(ou autre liqueur d'orange),
vanille,
100 g d'écorce d'orange confite,
sel.

Pour la sauce au chocolat :

4 œufs,
1/2 l de lait + 4 cuillerées,
100 g de sucre + 3 cuillerées,
1 cuillerée rase de farine,
vanille,
150 g de chocolat fondant.

Faites cuire le riz dans le lait bouillant légèrement salé, vanillé et parfumé d'un zeste de citron.

Sucrez à la fin de la cuisson et ajoutez le beurre et la liqueur.

Montez la crème fouettée (on en trouve déjà prête dans le commerce) et incorporez-la au riz refroidi.

Beurrez votre moule à savarin (ou à cake), versez le riz, égalisez bien et mettez au frigo.

Préparez la sauce au chocolat : faites chauffer le lait aromatisé à la vanille. Battez les jaunes d'œufs et le sucre dans une petite casserole jusqu'à obtenir une mousse. Ajoutez la cuiller de farine, mélangez et versez le lait petit à petit.

Mettez à feu très doux en tournant sans cesse. Retirez du feu chaque fois que des grumeaux menacent de se former.

Dans une autre casserole faites fondre le chocolat brisé en petits morceaux avec trois cuillerées de sucre et quatre cuillerées de lait. Quand il est bien fondu mélangez-le à la crème à la vanille.

Servez la couronne de riz bien fraîche nappée de chocolat chaud.

Semifreddo de riz

250 g de riz long,
1 l de lait,
100 g de sucre,
3 œufs,
vanille,
1 petit verre de Cointreau,
100 g de fruits confits,
50 g d'amandes pelées,
1/4 de l de crème à fouetter,
paillettes de chocolat.

Faites cuire le riz dans le lait légèrement salé et vanillé.

Quand il est cuit, ajoutez le sucre, mélangez bien et laissez refroidir.

Incorporez alors les jaunes d'œufs un à un, le Cointreau, les fruits confits et les amandes hachées.

Montez la crème fouettée et mélangez-la délicatement au riz.

Versez cette crème de riz dans des coupes individuelles et mettez-les à l'étage le plus froid de votre frigo.

Laissez au frais deux heures au moins. Servez les coupelles décorées de paillettes de chocolat.

Croquettes de riz aux amandes amères et coulis d'abricot

Je fais mes propres confitures et coulis au mois de juillet. Il n'y a évidemment rien de meilleur. Mais voici mes « trucs » pour faire un coulis express : je passe au mixer une boîte d'abricots au sirop (je vous assure que ça fait la farce) ou bien j'allonge à l'eau et au jus de citron quelques cuillerées de confiture que je mets à chauffer cinq minutes dans une petite casserole en remuant bien. Il existe aussi des coulis surgelés, je ne les ai pas goûtés.

250 g de riz rond,
1 l de lait,
100 g de sucre,
30 g de beurre,
5 œufs,
50 g de raisins de Corinthe,
15 macarons (secs), j'utilise les Amaretti di Saronno,
1 zeste de citron,
vanille,
chapelure,
huile de friture,
sucre glace vanillé,
coulis d'abricot,
sel.

Mettez les raisins à tremper une heure dans une tasse d'eau tiède. Faites cuire le riz dans le lait bouillant légèrement salé et aromatisé à la vanille et au zeste de citron râpé.

Retirez du feu quand c'est cuit et ajoutez le sucre et le beurre par petits morceaux.

Quand c'est refroidi incorporez quatre jaunes d'œufs un à un, les raisins secs bien égouttés et les macarons émiettés. Mélangez et étendez ce riz de manière à former une pâte de deux centimètres d'épaisseur environ.

Laissez refroidir et reposer un moment puis fabriquez vos croquettes de la forme qui vous plaît, soit rondes en utilisant un verre retourné, soit en losanges au couteau.

Battez l'œuf qui reste et passez-y rapidement les croquettes puis roulez-les dans la chapelure. Faites-les frire dans une bonne huile chaude, dorées mais pas trop. Égouttez les croquettes grésillantes sur du papier absorbant et dépêchez-vous de les servir chaudes, saupoudrées de sucre glace vanillé, accompagnées de coulis chaud, ou froid.

C'est formidable.

Fraises au riz

200 g de riz long,
1 kg de fraises,
1 citron,
1 zeste d'orange,
2 cuillerées de sucre,
2 verres d'eau,
sel.

Faites cuire le riz dans une casserole d'eau bouillante légèrement salée et parfumée d'un zeste d'orange et du jus d'un citron.

Égouttez-le et laissez-le refroidir.

Nettoyez les fraises et coupez-les en deux si elles sont trop grosses.

Dans un moule à charlotte faites alterner une couche de riz et une couche de fraises, et ainsi de suite.

Arrosez d'un sirop que vous aurez préparé avec le sucre, quelques fraises écrasées et les deux verres d'eau, en portant simplement à ébullition une ou deux fois.

C'est un dessert pour famille nombreuse quand les fraises sont chères...

Riz aux pruneaux

300 g de riz long,
300 g de pruneaux d'Agen dénoyautés,
sel.

Faites cuire ensemble à petit feu le riz et les pruneaux dans deux litres d'eau légèrement salée. Les pruneaux doivent être bien gonflés et le riz pas trop sec.

C'est simple et délicieux. Je passe sur les vertus fantastiques de ce dessert, qui peut tenir lieu de dîner.

Crème de riz aux épices
(recette orientale)

100 g de farine de riz,
150 g de sucre,
14 cuillerées de carvi (cumin des prés),
1 cuillerée de graines de fenouil,
2 cuillerées à café d'anis,
2 cuillerées à café de cannelle en poudre,
20 g de pistaches,
20 g de pignons,
20 g d'amandes pelées,
sel.

Mettez à bouillir 1,5 l d'eau légèrement salée dans une casserole. Diluez le riz en poudre dans un peu d'eau froide et versez dans la casserole. Cuisez à feu vif en remuant constamment.

Ajoutez les épices, puis le sucre jusqu'à ce que le mélange épaississe et colle à la cuiller en bois.

Versez cette crème dans des coupes individuelles, laissez refroidir et décorez avec les pistaches, les amandes et les pignons.

J'agrémente cette crème un peu fade d'un coulis de cassis ou de pêche jaune.

On peut fabriquer soi-même la farine de riz en passant du riz rond au un moulin électrique.

Pudding de riz à la fleur d'oranger
(recette marocaine)

150 g de riz rond,
1,2l de lait,
175 g de sucre,
100 g d'amandes moulues,
quelques gouttes d'essence d'amande,
1/2 cuillerée à café d'extrait de vanille,
2 cuillerées à soupe d'eau de fleur
d'oranger,
pignons,
raisins secs,
cannelle,
sel.

Passez la moitié du riz au moulin. Faites cuire l'autre moitié dans les trois quarts du lait légèrement salé jusqu'à ce que le riz soit bien tendre. Ajoutez de l'eau si nécessaire.

Diluez le riz que vous avez moulu avec un peu

d'eau pour obtenir une pâte molle. Ajoutez le reste de lait et mélangez bien.

Mettez ce mélange dans une casserole avec le riz et faites cuire en remuant sans cesse, jusqu'à ébullition. Ajoutez alors le sucre et les amandes moulues. Laissez mijoter à feu très doux sans arrêter de remuer.

Quand c'est épais, retirez du feu, incorporez l'essence d'amande, l'extrait de vanille et l'eau de fleur d'oranger.

Versez dans des coupelles individuelles (petites quantités, de grâce !) et faites refroidir au frigo.

Avant de servir saupoudrez de cannelle et décorez avec des pignons et des raisins secs que vous aurez mis à tremper dans de l'eau de fleur d'oranger.

Servez avec du thé à la menthe glacé.

Soufflé de bananes au riz

100 g de riz rond,
5 œufs,
3 bananes,
25 g de beurre,
20 g de sucre,
sucre glace,
sel.

Faites un riz au lait à l'œuf selon la recette de base, mais avec un seul œuf.

Faites cuire les bananes coupées en rondelles dans trois cuillerées d'eau, le beurre et le sucre en poudre. Quelques minutes suffisent.

Mélangez le riz refroidi aux quatre jaunes d'œufs restants, puis ajoutez les bananes cuites. Montez les blancs en neige et incorporez-les délicatement au riz.

Beurrez votre plat à soufflé et saupoudrez-le de sucre. Versez le riz et mettez à four moyen pendant vingt-cinq minutes.

Quelques minutes avant la fin saupoudrez rapidement votre soufflé de sucre glace qui lui donnera une belle couleur caramélisée.

Servez chaud.

Glace au riz

50 g de riz rond,
1,2 l de lait,
8 œufs,
150 g de sucre,
1 gousse de vanille (ou poudre).

Mettez à chauffer le lait avec la gousse de vanille fendue. Versez la poignée de riz en pluie et laissez cuire.

Battez les jaunes d'œufs dans une terrine avec le sucre, jusqu'à ce qu'ils deviennent blancs et mousseux.

Versez-y peu à peu le lait chaud avec le riz en faisant bien attention de ne pas faire « prendre » les œufs.

Procédez ensuite comme pour une crème anglaise, faites épaissir au bain-marie. Remuez continuellement afin que la crème soit onctueuse et moelleuse.

Laissez refroidir et mettez dans votre sorbetière. On distingue les grains de riz dans la glace, c'est très agréable.

Couronne de riz à la tomate sucrée

150 g de riz long,
250 g de tomates pelées,
100 g de sucre,
1/2 l de lait,
1/2 verre de rhum,
100 g de macarons (secs),
par exemple, les amourettes
de Provence,
sel.

Faites macérer les tomates pelées (fraîches ou en boîte) coupées en morceaux avec le rhum pendant une heure.

Faites cuire le riz dans le lait et un demi-litre d'eau salée. Mettez la moitié du sucre à la fin de la cuisson et incorporez les macarons écrasés. Disposez cette préparation dans un moule à savarin.

Pendant ce temps mettez les tomates à cuire doucement pendant une demi-heure avec le sucre restant.

Servez tiède ou froid, les tomates au centre de la couronne de riz.

Timbale de riz aux marrons

150 g de riz long,
150 g de marrons prêts à cuire (ou cuits sous vide),
70 g de beurre,
50 g de sucre,
50 g de raisins de Corinthe,
1 l de lait,
chapelure,
1 tasse de crème anglaise (excellentes les surgelées),
sel.

Mettez les raisins secs à tremper dans un bol d'eau tiède.

Versez les marrons dans le lait froid légèrement salé et faites-les cuire à feu modéré. Si vos marrons sont crus, comptez une bonne demi-heure, en ajoutant un peu d'eau ; s'ils sont précuits, dix minutes suffiront. Ajoutez alors le sucre, les raisins secs et le riz.

Mélangez bien et laissez cuire à feu doux. Le riz doit être parfaitement cuit et assez dense, mais pas trop. S'il épaissit trop, ajoutez du lait ou de l'eau.

Incorporez le beurre à la fin et versez dans un moule à charlotte beurré et saupoudré de chapelure.

Faites refroidir au frigo.

Servez avec une crème anglaise légère.

Gâteau de riz au caramel

250 g de riz long,
1 l de lait,
4 œufs,
150 g de sucre en poudre,
12 morceaux de sucre,
1 tasse de crème anglaise,
sel.

Faites cuire le riz deux minutes dans une grande casserole d'eau bouillante salée. Égouttez-le et versez-le dans le lait bouillant. Laissez frémir quinze minutes. Retirez du feu et ajoutez les jaunes d'œufs battus, le sucre, puis les blancs battus en neige.

Faites un caramel dans le fond de votre moule à charlotte avec les morceaux de sucre et un peu d'eau. Versez le riz et mettez à four doux (130 °C) vingt-cinq minutes.

Servez tiède nappé de crème anglaise froide.

Entremets de riz aux poires

200 g de riz long,
1 l de lait,
1 gousse de vanille,
200 g de sucre en poudre,
4 poires,
10 morceaux de sucre,
4 œufs,
1 citron.

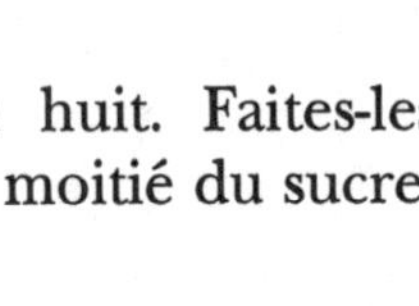

Pelez et coupez les poires en huit. Faites-les pocher dans un sirop composé de la moitié du sucre, de deux verres d'eau et du jus d'un citron avec une guirlande de son zeste. Réservez.

Faites cuire le riz deux minutes dans l'eau bouillante légèrement salée. Égouttez-le et versez-le dans le lait bouillant avec la gousse de vanille fendue. Laissez cuire à petit feu vingt minutes, puis enlevez la vanille et ajoutez le sucre et les jaunes d'œufs battus. Tournez bien et laissez sur le feu encore une minute pour cuire les œufs.

Retirez du feu et incorporez la moitié des poires en essayant de ne pas défaire les morceaux.

Faites un caramel dans le fond de votre moule à charlotte avec les morceaux de sucre et un peu d'eau. Versez le riz et laissez refroidir. Un petit séjour au frigo ne fera pas de mal.

Démoulez et servez avec un coulis de poire (l'autre moitié des poires passée au mixer).

Entremets de riz à l'ananas

La recette est la même.

Remplacez les poires par des morceaux d'ananas.

Tapissez le fond de votre moule d'ananas avant de verser le riz.

Tarte au riz et à la compote de pommes

80 g de riz long,
300 g de pâte brisée (page 226),
1 kg de pommes acidulées,
200 g de sucre,
50 g de sucre glace,
vanille,
1/2 l de lait,
sel.

Pelez les pommes, coupez-les en quartiers épépinés et faites-les cuire dix minutes dans un peu d'eau avec 100 g de sucre.

Faites bouillir le riz deux minutes dans une casserole d'eau bouillante légèrement salée. Égouttez-le et versez-le dans le lait bouillant vanillé. Couvrez et laissez cuire vingt minutes à feu doux.

Retirez du feu et incorporez 80 g de sucre et la compote en remuant avec une fourchette.

Abaissez la pâte brisée. Tapissez-en le moule à tarte beurré et versez la compote au riz. Saupoudrez le reste du sucre.

Faites cuire quarante-cinq minutes à four chaud (220 °C).

Laissez refroidir et saupoudrez de sucre glace.

Servez avec un verre de muscat de Rivesaltes.

Conclusion

Chers lecteurs,

Dans ce livre vous ne trouverez pas :

Les salades de riz, qui font buffet de mariage, qui sont toujours trop sèches ou trop mouillées et où règne le goût de boîte du thon à l'huile.

Les riz sénégalais, certainement très sains mais qui restent pour moi une nourriture de pénurie bourrative et peu subtile. Les riz brésiliens ou mexicains parce qu'ils sont invariablement accompagnés des abominables haricots rouges à la peau dure et indigeste.

Les riz complets macrobiotiques parce que ceux qui en mangent n'ont pas besoin de moi pour savoir les préparer et que franchement les visages pâlots des clients de restaurants végétariens, mastiquant indéfiniment leurs riz intégraux ne sont pas très joyeux...

Les riz de nos oncles d'Amérique, précuits, pré-ceci, pré-cela, prédigérés, pré-tout, parce qu'ils n'ont plus aucun goût.

Les riz chinois collants, gluants, macérés, fermentés dont les appellatifs peu engageants correspondent à l'effet rendu sur un palais européen...

Le riz Impératrice, qui a été le cauchemar de mon enfance au lycée.

Le riz sauvage, parce que comme son nom l'indique, il est indomptable.

Les riz au gras parce que les jus de viande et de volaille sont des bombes pour nos foies contemporains.

En bref, tous les riz qui ne me ravissent pas. Que les frustrés me pardonnent et surtout qu'ils essaient mes recettes, leur opinion rejoindra peut-être la mienne…

À tous je souhaite de bons repas de riz, et je dis à bientôt, peut-être au royaume des féculents (haricots, lentilles, pois chiches, pois cassés, fèves, etc.) qui ont bien besoin qu'on les réhabilite, eux aussi.

Je ne ris pas !

Amicalement.

Macha Méril

Table des matières
suivie de la
Table des produits

RECETTES DE BASE

RIZ DES QUATRE SAISONS

RIZ DE PRINTEMPS

RIZ D'ÉTÉ

RIZ D'AUTOMNE

RIZ D'HIVER

DESSERTS AU RIZ

Table des produits

Cet ouvrage a été réalisé par la
SOCIÉTÉ NOUVELLE FIRMIN-DIDOT
Mesnil-sur-l'Estrée
pour le compte des Éditions Robert Laffont
24, avenue Marceau, 75008 Paris
en décembre 1994

Composition réalisée
par S.C.C.M. - Paris XIVe

Imprimé en France
Dépôt légal : novembre 1994
N° d'édition : 35935 - N° d'impression : 29332